Lukas Sam Schreiber
Aitutaki-Blues

GOLDMANN

LUKAS SAM SCHREIBER

AITUTAKI BLUES

Alzheimer, meine Mutter
und unsere Reise ans andere
Ende der Welt

GOLDMANN

Wir haben uns bemüht, alle Rechteinhaber ausfindig zu machen, verlagsüblich zu nennen und zu honorieren. Sollte uns dies im Einzelfall aufgrund der schlechten Quellenlage bedauerlicherweise einmal nicht möglich gewesen sein, werden wir begründete Ansprüche selbstverständlich erfüllen.

Sollte diese Publikation Links auf Webseiten Dritter enthalten, so übernehmen wir für deren Inhalte keine Haftung, da wir uns diese nicht zu eigen machen, sondern lediglich auf deren Stand zum Zeitpunkt der Erstveröffentlichung verweisen.

Penguin Random House Verlagsgruppe FSC® N001967

1. Auflage
Originalausgabe Oktober 2022
Basierend auf einer Audible Original Podcast Produktion
Copyright © 2022: Wilhelm Goldmann Verlag, München,
in der Penguin Random House Verlagsgruppe GmbH,
Neumarkter Str. 28, 81673 München
Umschlag: Uno Werbeagentur, München
Umschlagmotiv: Lukas Sam Schreiber
Lektorat: Monika Kempf
Satz: Uhl + Massopust, Aalen
Druck und Bindung: CPI books GmbH, Leck
Printed in the EU
GS · CB
ISBN 978-3-442-14285-9

Für Claudia

INHALT

Einfach *nur* gesund 9

Ans Ende der Welt 25

Die Zukunft ist nicht mehr meine 32

Ein ganz kleiner Krieg 44

Träume töten 57

Diese Perlen von Menschen............................ 63

Ein Kunstwerk des Sterbens........................... 78

Krieg und Ficken....................................... 92

Die vielen kleinen und der große Tod 107

Die Fische in den Bäumen 123

Der ganze Apfel 135

Der Bauplan des Himmels 152

Ein Gefühl der Lebendigkeit.......................... 167

Zu wissen, wie der Himmel klingt 178

Eine tote Mutter hat keinen Sohn 192

Jeder Satz ein Lied 204

EINFACH *NUR* GESUND

Manchen Diagnosen kann keine Operation die Chance versprechen, das zurückzubringen, was man wirklich will. Die Kraft von früher, das Leben oder schlichtweg den Verstand. Diese Diagnosen sind wie ein sanftmütiges Versprechen, dass alles, was wir sind, doch nur ein Symptom unserer Gesundheit war. Vor der Tatsache, dass das, wovon ich dachte, es sei für immer, von nun an nie wieder sein wird, kann ich mich nicht verstecken. Niemand kann das.

Ob sie sich daran erinnert, dass wir heute verreisen? Na klar – das wird sie nicht vergessen haben. Habe ich irgendetwas vergessen? Hat Claudia etwas vergessen? Ich überlege, ob ich ihren Pass nehme, habe aber Bedenken, danach zu fragen. Sie soll nicht denken, dass ich sie nicht ernst nehme oder ihr nicht zutraue, selbst darauf aufzupassen. Sie ist schon viel gereist in ihrem Leben, sie hat doch immer alles selbst geschafft, und jetzt nehme ich ihren Pass, damit sie ihn nicht verliert. Meine ganze Kindheit hat sie meinen Pass genommen, damit ich ihn nicht verliere. Jetzt ist alles anders. Was, wenn *ich* beide Pässe verliere? Dann sind wir echt geliefert.

Meine Mutter und ich sind schon häufig miteinander gereist. Aber diese Reise ist schon sehr anders. Diesmal muss ich mich um alles kümmern. Und ich kenne die Krankheit noch so schlecht, dass ich mir unsicher bin.

Es ist sechs Uhr morgens, und ich friere mir den Arsch ab. Der frühe Morgen ist so kalt, als hätte ich die Luft geraucht – jeder Atem eine dicke Nebelwolke. Ich biege in die Straße ein, in der sie wohnt. Eine ruhige Straße im Kölner Stadtteil Lindenthal mit identisch aussehenden Mehrfamilienhäusern, eng nebeneinander und aus roten Backsteinen gebaut. Alle Häuser sind mit einem großen Hinterhofgarten verbunden, der wie eine grüne Oase inmitten der Stadt wirkt. Hier wohnen eigentlich nur Rentner und alleinerziehende Mütter. Bis ich neunzehn war, habe ich mit meiner Mutter hier gewohnt.

In ihrer Küche brennt schon Licht, die Fenster in den anderen Häusern sind alle noch dunkel. Als der Türsummer brummt, steht sie bereits im Flur.

»Ah, guck mal. Ziehste um, oder warum nimmst du so viele Sachen mit?«, lacht sie.

»Keine Ahnung, warum du mit so wenig Gepäck reisen willst. Ich hab jeden Bikini dabei, den ich je besessen habe«, antworte ich.

»Vielleicht hab ich zu wenig und du zu viel. Aber sonst nehme ich deinen Bikini, wenn ich keinen mehr hab. Kommst du rein, oder müssen wir sofort los?«

Wir haben noch massig Zeit. Aber das wird eine lange Reise. Eine Reise, von der Claudia seit über dreißig Jahren träumt. Und jetzt müssen wir sie machen – solange uns die Zeit dafür noch bleibt.

Als Claudia zum ersten Mal von der Insel hörte, war ich noch nicht geboren und sie arbeitete als Journalistin beim Radio. Sie schrieb kleine, unterhaltsame Meldungen, die gab es dort jeden Tag im Programm – »bunte Nachrichten« haben sie die genannt. Die Nachrichtenagentur schickte damals nur ein Bild und einen kleinen Text. Claudia sollte daraus einen radiotauglichen Dreißigsekünder machen. Auf dem Bild war eine etwas ältere Frau zu sehen. Sie steht an einem traumhaften Strand mit einem bunten Blumenkranz auf dem Kopf. Der Text vermeldete, dass diese Frau zum neuen Oberhaupt der Insel gewählt worden war. Damals war das noch eine Sensation. Frauen wurden nur selten in solch ein Amt, überhaupt in irgendwelche Ämter, gewählt. Doch irgendwo im Paradies hatte diese kleine Insel eine Frau gewählt, zum allerersten Mal.

Claudia fand das fantastisch. Sie schlug im Atlas nach, wo diese Insel liegt. Viel weiter von Deutschland kann ein Ort nicht sein: mitten im Pazifik zwischen Neuseeland und Mexiko – tausende Kilometer rundherum nur Wasser und kleine Atolle. Die Insel gehört zu den Cookinseln und ist an der längsten Stelle vielleicht gerade mal fünf Kilometer lang und zwei Kilometer breit. Das türkise Meer, der endlose Strand und der Gedanke an ein Paradies am anderen Ende der Welt haben Claudia nie mehr losgelassen.

Meine ganze Kindheit ist durchzogen von Erinnerungen daran, wie Claudia davon spricht, sie könne auch einfach dorthin fliehen. Aber dass sie es wirklich machen würde, hat sie selbst nie geglaubt. »Eher treffe ich Jesus!«, lachte sie dann immer. Aber jetzt müssen wir dahin, uns bleibt keine Zeit mehr. Claudia ist krank und wird nie wieder gesund.

Wir saßen in der engsten Familie zusammen, als wir die Diagnose bekamen. Mein Vater, mein Bruder, meine Mutter und ich. Unsere Eltern sind schon viele Jahre getrennt. Der Klassiker – zwei seit der Kindheit verletzte Seelen, die alles versuchen, die Leere im Inneren des anderen zu füllen, aber sich doch zu gern auf das eigene Lebensabenteuer fokussieren. Ein Push-Pull-Massaker, in dem beide wollen, was sie nicht haben, und nie ertragen, was ihnen guttut. Claudia und Peter waren immer ein bisschen zu cool für eine funktionierende Ehe. Eine Hochzeit ohne Kleid, ein Ehering, der nur sarkastisch gemeint war, und beide immer auf der Suche nach neuen Abenteuern. Manchmal kann das klappen – aber tut es eigentlich nie. Sie haben sich mit Gebrüll getrennt, als ich elf war, und an der Front ihres Rosenkriegs beide die Schuld im anderen gesucht. Gefunden haben sie die nie. Erst Jahre später haben sie die Suche aufgegeben, mein Vater hat mittlerweile eine neue Beziehung. Doch unsere winzige Familie ist Gott sei Dank geblieben.

Nachdem wir die Diagnose bekommen hatten, fragte Peter Claudia, was sie noch machen will, solange sie noch kann. Denn wenn es noch Träume gibt, die es zu erfüllen gilt, dann sollte man das jetzt sofort tun. Bloß keine Zeit mehr verschwenden. Claudia zögerte kaum und sagte sofort den Namen dieser Insel. Ein perfekter Name für ein Paradies. Ein winziger Fleck Land am anderen Ende der Welt.

»Ich muss nach *Aitutaki*.«

»Willst du ein bisschen Ananas?«, fragt sie mich, als ich mit dem Koffer in ihren Flur stolpere. Ich nicke eifrig. Seit ich ausgezogen bin, hat sich die Wohnung kaum verändert. Aber mein Kinderzimmer wurde zu ihrem Büro. Ein winziger Raum, in dem hunderte Bücher stehen, sodass beinah kein Platz zum Sitzen bleibt.

Eines der ersten Anzeichen für Claudias Krankheit war, dass ihr Büro allmählich immer unordentlicher wurde. Ohne dass sie es bewusst bemerkte, füllte sich ihr Schreibtisch mehr und mehr mit Ordnern, Papieren und seltsamerweise mit drei verschiedenen

Druckern, von denen niemand so recht wusste, wofür sie verwendet wurden. Zerknitterte Papierfetzen in allen Formen und Größen waren irgendwann überall im Raum verteilt. Manchmal standen nur kurze Sätze darauf, manchmal aber auch längere Absätze oder Kurzgeschichten. Wann immer Claudia eine Idee für eine Geschichte oder ein Buch hatte, schrieb sie diese irgendwo auf, verwahrte sie manchmal einige Jahre lang und verwendete sie schließlich, wenn der richtige Augenblick gekommen war.

Heute entdecke ich auf dem Boden im Flur ein kleines Stück eines Zeitungsartikels, den sie unsauber ausgerissen hat.

Staubsauger rettet vor dem Ersticken

Ein Staubsauger hat einen Japaner vor dem Erstickungstod bewahrt. Dem 70-Jährigen war zum Neujahrsfest einer der traditionellen, aber berüchtigten »O-Mochi«-Reisklöße in der Kehle stecken geblieben. Daraufhin griff seine Tochter zum Staubsauger und saugte den widerspenstigen Kloß aus dem Hals. Obgleich jeder in Japan die Gefahr kennt, haben auch in diesem Jahr wieder mehrere ältere Menschen tödliche Erstickungsanfälle beim Verzehr der Spezialität erlitten.

Ich frage mich mit Bedauern, für welche Geschichte sie das hätte gebrauchen können. Auf einem anderen Blatt Papier steht nur ein einziger Satz geschrieben. Ihre Handschrift ist schon immer fast unmöglich zu entziffern und hätte sie zur Ärztin qualifizieren können. Aber nach ein paar Versuchen verstehe ich den Sinn: *Heute vögel ich nur noch so häufig wie Pandas im Zoo – nämlich gar nicht*, steht darauf. Ich muss schmunzeln, als ich das lese. Dreckige Witze waren schon immer Claudias Ding.

An unterschiedlichsten farbenfrohen Bildern entlang folge ich Claudia in die Küche. Überall in ihrer Wohnung hängen Gemälde an den Wänden, die sehr unterschiedlich und teils verwirrend sind. Claudia hatte früher die Tradition, dass sie für jedes neue Buch, das sie schrieb, zum Beginn des Prozesses ein neues Bild kaufte. Wenn sie mit dem Buch fertig war, hatte sie sich meist auch an dem Bild sattgesehen, und es wurde eingelagert. Nur ihre Lieblingsbilder blieben in ihrem Wohnbereich. So unterschiedlich ihre Romane und Kinderbücher waren, so unterschiedlich sind auch die Bilder in ihrer Wohnung. Im Wohnzimmer beispielsweise hängt ein grünes Gemälde, auf dem ein großer Engel die Arme spreizt. Direkt daneben eine Fotografie von einer Ente am Klavier, darunter der Schriftzug *Enterich Salvatore am Musizieren*.

Claudia steht mit dem Rücken zu mir an der Arbeitsplatte. Erst zögere ich noch, traue mich dann aber endlich, nach ihrem Pass zu fragen.

»Gibst du mir deinen Pass? Soll ich beide nehmen?«

»Hat das der Peter gesagt?«, fragt sie irritiert und schneidet an der Ananas herum. »Ich kann ihn dir geben, aber vergessen hab ich den nicht«, pflaumt sie mich an und guckt suchend um sich. »Wo ist er denn jetzt? Scheiße. Häh!?«

Claudias Krankheit kam überraschend in ihr Leben, in unser aller Leben. Eigentlich war sie immer kerngesund gewesen. Wir hatten gar nicht auf dem Schirm, wie schön es ist, einfach *nur* gesund zu sein. Damals hatte sie über Nacht Besuch von einer guten Freundin gehabt. Rund ein Jahr vor unserer Reise war das. Frühmorgens begegnen sich beide im Flur, wechseln noch verschlafene Worte: »Hast du gut geschlafen? Was geträumt? Kann mich nicht erinnern.«

Zwei Freundinnen im Nachthemd, die Haare strubbelig, sie freuen sich, beieinander zu sein. Eine Szene, völlig alltäglich, wird plötzlich aktenkundig.

Arztbrief des Professors der Neurologie des Universitätsklinikums Köln an meine Mutter:

Verteiler
Patient-Nr. 04188808

Fall-Nr. 011643110219

Am 28.02.2018 hat mich Ihre Freundin erreicht und über den Ohnmachtszustand berichtet, den Sie in ihrer Anwesenheit erlitten hatten. Sie schildert, dass Sie beide morgens schon relativ früh wach waren, Sie selbst waren in der Küche, um Tee zu kochen, kamen dann in den Flur und sagten, Ihnen sei so übel. Dann hat sie ein Stöhngeräusch gehört und plötzlich sanken Sie zu Boden, nicht längs wie ein Baum, sondern Sie fielen in sich zusammen, aber so, dass Ihre Freundin Sie nur bedingt halten konnte. Sie fielen dann auf den Rücken und lagen dort ruhig mit geschlossenen Augen für etwa 2 Minuten. Ihre Freundin hatte schon den Telefonhörer in der Hand, um Hilfe zu holen, als Sie die Augen wieder aufmachten und prompt voll kommunikationsfähig waren, sodass die Freundin mit Ihnen beraten konnte, was zu tun sei, und man sich zunächst entschied, die Hausärztin anzurufen. Unstrittig ist, dass Sie an diesem Tag einen Anfall hatten.

Diese kleine Ohnmacht könnte rückblickend der Anfang des Übels gewesen sein. Dass überhaupt irgendwas passiert war, hörte ich erst viele Tage später. »Synkope« haben die Ärzte das genannt. Ob dieser Vorfall wirklich in einem Zusammenhang stand mit allem, was danach kam, ist bis heute unklar. Claudia hatte immer viel gearbeitet. Die ersten Einschränkungen wurden als schlechter Tag verklärt. Vielleicht nicht gut geschlafen oder eine Grippe, die sich mit Verwirrung bemerkbar macht, einfach nur eine schlechte Lesung hier und da. Erst mal denkt man sich nichts. Claudia geht zu Ärzten wegen der Ohnmacht, aber die finden nichts, sie scheint gesund. Die Ärzte sagen, Kreislauf, Blutwerte seien gut, vielleicht ist es Stress? Sie ist gerade in den letzten Zügen ihres neuen Romans, ziemlich harter Stoff – kann schon sein, dass es Stress ist. Sie macht viel Sport, achtet auf ihre Gesundheit und ernährt sich gut. Nie war sie ernsthaft krank – was soll da schon sein? Wir machen uns keine Sorgen.

Claudia hat über dreißig Jahre als Schriftstellerin und Journalistin gearbeitet. Zehn Romane und Kinderbücher hat sie geschrieben. Einige davon waren erfolgreich, andere weniger. Aber eines ihrer Bücher, *Emmas Glück*, wurde 2006 mit Jürgen Vogel in der Hauptrolle verfilmt. Das war ihr ganz großer Erfolg – dafür hatte sich die ganze Arbeit gelohnt.

Sie ging häufig auf Lesereise. Als Schriftstellerin liest man auf Lesungen nicht einfach vor – sie spielte das Erzählte mit ihrer Intonation nach. Wenn sie für andere liest, denkt sie immer ein wenig nach vorn, hat sie mir einmal erzählt. Sie spricht, was sie längst gelesen hat, und ist im Kopf schon einige Wörter, manchmal Sätze voraus, antizipiert, wie die jeweilige Stelle gelesen werden soll.

Erst einige Monate später, nach ihrer Diagnose, erzählt mir Claudia davon, dass das irgendwann nicht mehr wie zuvor funktionierte. Sie konnte es damals noch nicht einordnen, aber hatte es doch bemerkt. Der Abstand von dem, was sie laut vorlas und was sie im Kopf schon antizipieren konnte, wurde immer kleiner. Vielleicht einfach 'ne schlechte Phase, dachte sie damals. Jeder hat mal 'ne schlechte Lesung. Aber es wurde nicht besser. Immer mehr Lücken, überall. Sie suchte. Nach Worten, Terminen, Daten und Namen. Wo verdammt nochmal war der Laptop? Die neuen Schuhe? Das Müsli suchte sie nie, weil es seinen Platz hat – seit Jahren.

Die Krankheit schlich sich an. Erst langsam und kaum spürbar. Mit den ersten Ohnmachtsanfällen und Verwirrungen wagte sie sich vielleicht das erste Mal aus ihrem Versteck, doch ging schnell wieder in Deckung. Dann war sie plötzlich unübersehbar da.

Nur eine Woche zuvor war Claudias neuer Roman erschienen. Dutzende Lesungen waren schon geplant, zig Veranstaltungen zum Händeschütteln waren angesetzt. Es ist ein Dienstag um acht Uhr morgens. Ich habe die Zahnbürste noch im Mund, höre einen Podcast, an den ich mich nie wieder erinnern werde. Ich sehe ihren Namen auf dem Handydisplay. Bin noch verwirrt, dass sie so früh anruft – gehe ran und begrüße sie fröhlich. »Moooorgen«, brülle ich in den Hörer.

Ein leises Atmen, viel zu lange Stille. Dann sagt sie, dass sie mich braucht. Jetzt sofort. Das hat sie noch nie gesagt.

Als ich bei Claudia ankomme, liegt sie eingesunken auf dem

Sofa, redet leise und atmet schwer. Sie weiß nicht, was passiert ist, erinnert sich kaum an unser Telefonat nur Minuten zuvor. Sie übergibt sich auf den Teppich. Ein Bein ausgestreckt, das andere angewinkelt unter dem Sofa, hält sie sich an der Lehne fest, als wäre sie auf einem Schiff, von dem sie im rauen Seegang herunterzurutschen droht. Sie übergibt sich erneut und ich rufe eine befreundete Ärztin an. Die Ärztin kommt so schnell sie kann. Sie sagt, wir sollen ein paar Sachen packen und ins Krankenhaus fahren. Für ein paar Tage planen, was zu essen mitnehmen – das könnte dauern. Die Ärztin guckt nicht besorgt, sie hat Angst.

Die Mitarbeiterin am Empfang schickt uns schnippisch in den Warteraum und ich kann ihr gar nicht böse sein. Zwei Patienten stehen mit verschränkten Armen neben dem Tresen, die Stirn gerunzelt voller Wut und entschlossen, ihren Willen zu bekommen. Stundenlang sitzen wir in der Notaufnahme. Der Geruch des Wartebereichs hat etwas Verdauungsfreundliches an sich. Genau wie Tankstellen und Spargelurin riecht es zwar schlecht, aber speziell genug, dass man sich der Erfahrung kampflos ergibt.

»Was mache ich, wenn das für immer bleibt? Ich kann mir nichts merken«, fragt Claudia immer wieder. Noch habe ich keine Angst. Mein Körper fühlt sich taub an, mein Kopf ist leer. Ich habe keine Lust auf diese Form der Verantwortung. Insgeheim wünsche ich mir einfach, dass mir das hier jemand abnehmen kann. Als Claudia mich zum dritten Mal fragt, was sie machen soll, wenn das für immer so bleibt, finde ich keine neue Antwort mehr und nehme wieder die erste: »Wir warten jetzt mal ab«, und: »Wir kriegen das schon hin«, sage ich und glaub mir selbst kein Wort. Es ist das erste Mal, dass ich mich wiederhole, als sei es das erste Mal. In meinem Umgang mit meiner Mutter war dieser Moment vielleicht der Anfang ihrer Krankheit. Der Moment, in dem ich sie das erste Mal nicht mehr behandelte wie jeden anderen Menschen. Es war der Beginn einer völlig neuen Beziehung zwischen uns beiden.

Nach vielen Stunden ruft uns eine Pflegekraft in einen Raum. Claudia blickt mich nervös an. Ich greife ihre Hand, und wir stehen gemeinsam auf. Ich kann mich nicht erinnern, wann ich zum letzten Mal die Hand meiner Mutter gehalten habe. Die Pflegerin ist sehr nett. Ich sage ihr, Claudias Erinnerung sei schlecht. Welcher Wochentag heute sei, fragt sie Claudia – die Antwort fällt meiner Mutter schwer. Die Pflegerin misst Claudias Blutdruck, leuchtet ein Licht in ihre Augen und stellt weitere Fragen.

»Kennen Sie das Datum von heute?«

»Mhmm ... Montag?«

»Nein, das Datum.«

»Oh, September.«

»Und der Tag?«

»Ach Mist ... Ich weiß es ... Ich weiß es nicht.«

»Nicht schlimm. Welcher Wochentag war vor zwei Tagen?«

Claudia wird unruhig, rutscht auf dem Sitz hin und her und schüttelt den Kopf, als könne sie den Wochentag in ihr Gedächtnis schütteln.

»Was? Gleiche Frage? Ach ... das ist ... ich weiß es nicht.«

Claudia beginnt zu weinen und blickt über ihre Schulter zu mir.

»Nicht schlimm, Claudia. Das wird!«, sage ich und weiß in diesem Moment noch nicht, wie unrecht ich damit habe.

Die Pflegerin bittet uns, nochmal eine Weile im Wartezimmer zu warten. Claudias beste Freundin steht im Flur und löst mich ab. Ich umarme Claudia fest und verspreche, sie noch am gleichen Nachmittag zu besuchen. »Mach dir keine Sorgen. Gib mir ein paar Stunden und dann bin ich da.«

Es ist Spätsommer im Jahr 2019, zu der Zeit schreibe ich meine Masterarbeit und weiß noch nicht, dass ich wenige Monate später mit meiner Mutter ans Ende der Welt reisen werde. Claudia bleibt noch fast zwei Wochen im Krankenhaus. Jeden Morgen stehe ich früh um sechs auf und fahre ins Krankenhaus, um bei der Chefvisite dabei zu sein. Claudia kann sich nicht merken, was ihr die Ärzte sagen. Mein Bruder Moritz ist im Urlaub, mein Vater Peter lebt einen Großteil des Jahres in Portugal. Sie wollen wissen, was los ist, und sind besorgt. Nach der Visite fahre ich in die Bibliothek, schreibe ein wenig und fahre dann schnell wieder zurück ins Krankenhaus, bevor die Besuchszeiten vorbei sind.

Die Ärzte werfen uns Worte um die Ohren, die wir noch nie gehört haben. Claudia weiß genauso wenig wie ich, was das alles bedeuten soll.

»Antikörper-negative Autoimmunenzephalitis«, sagt die Assistenzärztin. Ah ja, vielen Dank. Dann wissen wir ja jetzt Bescheid. Schönen Tag noch. Die Ärztin scheint müde. Es fühlt sich nicht an, als würde sie mit mir sprechen, sondern leicht an uns vorbei. Wenn sie neben dem Chefarzt steht, ist das für sie eine Prüfungssituation. Ich kann es irgendwie verstehen, aber bin wütend, dass beide nicht mit uns im Raum zu sein scheinen.

Jede neue Diagnose währt nicht lange – Arbeitsdiagnosen nennen sie das. Ein Ratespiel, das Ärzte in Krankenhäusern spielen, während niemand weiß, wohin die Reise geht. Arbeitsdiagnosen sind wie ein freundliches Lächeln von jemandem, der etwas von dir will. Wie ein Werbeplakat, das vorgibt, Kunst zu sein. Auf den ersten Blick nicht schlimm, aber nach einer Weile summiert sich die geballte Unehrlichkeit ins Unerträgliche. Und ich habe keinen Schimmer mehr, was mit echtem Lächeln, echter Kunst oder wahren Diagnosen eigentlich gemeint sein soll. Die Ärztin erklärt jedes Fremdwort mit fünf neuen Fremdwörtern. Claudias Augen werden groß, sie guckt zu mir und versteht kein Wort. Ich kann nichts anderes tun, als mit den Schultern zu zucken. Die Ärztin seufzt, setzt neu an und wird von dem Gebrüll eines Patienten auf dem Flur unterbrochen. Sie lächelt, schließt die Tür und spricht etwas lauter. Dieses Krankenhaus ist kein guter Ort für Ungewissheit.

Tausend Untersuchungen später sind wir keinen Schritt weiter. Monatelang ist sie nun schon krank, musste alle Lesungen absagen, konnte ihren neuen Roman nicht vorstellen, der nur eine einzige Woche vor dem ersten Anfall erschienen war – eine Katastrophe. Eigentlich hätte sie eine Buchhandlung nach der anderen abgeklappert. Gelesen, Autogramme gegeben und damit einen Großteil ihres Einkommens für das Jahr verdient. Jeden Tag, den Claudia nicht ihren neuen Roman bewirbt, verliert er an Relevanz. Ein riesiges Problem, das in Anbetracht der Situation dennoch völlig irrelevant erscheint.

Krebs konnten die Ärzte schnell ausschließen, einen Tumor findet man nirgends. Kurz hofften wir noch, es wäre ein epileptischer Anfall gewesen, doch das war es nicht. Irgendwann sind die Ärzte sich sicher. Der Neurologe hat Mut, es uns ins Gesicht zu sagen.

Claudia hat Alzheimer.

Aus dem Nichts wurde sie zur Patientin und wird es bis zuletzt bleiben.

Nach der Diagnose wollte Claudia über die Krankheit schreiben. Aber die Buchstaben wurden immer kleiner, sagte sie später. Immer schwerer zu begreifen, worüber sie schon geschrieben hatte und was noch kommen sollte. Sie konnte ihren Computer nicht mehr so bedienen wie noch zuvor. Die Tasten wurden fremd. Fenster ploppten auf, die sie noch nie gesehen hat, und immer seltener fand sie den Weg zurück.

Mir gegenüber sprach sie von Anfang an offen über die Krankheit und ihre Einschränkungen. Doch anderen gegenüber verhält sie sich anders. Außenstehende könnten denken, sie wäre nun behindert mit dieser Krankheit. Das fürchtete sie zumindest. Am liebsten möchte sie gar nicht auffallen und erzählt deshalb nur selten, wie schlecht es ihr wirklich geht. Versucht zu verbergen, dass ihr Gedächtnis nicht nur Lücken, sondern Krater hat. Chor jeden Mittwoch, das weiß sie noch ganz sicher. Noten ausdrucken nicht vergessen. In ihren Erinnerungen sucht sie sich selbst als kerngesunde Frau. Dabei ist sie das nach außen noch immer. Noch vor Kurzem war sie topfit, trainiert und sportlich. Aber mit der Diagnose hat die Krankheit ihr das Versprechen gegeben, dass es damit vorbei ist.

Hat sich Herr Alzheimer vielleicht schon lange versteckt vor uns allen? Wollte sich erst spät bekannt machen? Manche sagen, der Herr nistet sich schon Jahrzehnte vor Ausbruch der Krankheit ein. Claudia hatte in ihrem Leben lange mit Depressionen zu kämpfen. Kein Wunder – sie hat viel erlebt, zu viel gesehen. War lange deswegen in Therapie. War er das schon? Hat er sich als übelste Traurigkeit getarnt? Herr Alzheimer scheint gern Verstecken zu spielen. Nun ist er enttarnt und doch ist kein Kraut gegen ihn gewachsen.

Herr Alzheimer! Seit ich den Namensgeber dieser Krankheit, die uns von nun an jeden einzelnen Tag begleitet, einmal nachgeschlagen habe, geht mir das Bild des gedrungenen Herrn nicht mehr aus dem Kopf. Alois gerufen – was für ein oller Name. Alzheimer ist doch was für alte Menschen, und Claudia ist gerade erst sechzig geworden. Mit der Diagnose ist sie offiziell krank, die Kasse zahlt Therapien – Psycho, Physio und Ergo, sogar Aquafitness. Schönen Dank auch!

Wir haben zigmal gefragt, ob sich die Ärzte wirklich sicher sind. Bekannte fragen wiederum uns Dutzende Male: »Kann das sein? Mit sechzig? Viel zu jung!« Und dann erzählen alle eine beliebige Horrorgeschichte eines Verwandten, Bekannten oder sonst wem. Und doch waren wir nach all den Untersuchungen beinahe froh, dass es endlich eine Namen für ihre Krankheit gab.

Eine Frage lässt mich von Anfang an kaum los: Warum hat sie das bekommen? Zu viel Stress? Zu viel Raubbau am Körper? Zu viel Alkohol, um das Elend zu vergessen? Zig bescheuerte Männer haben sie kaputtgemacht. Ein paar von denen habe ich selbst kennengelernt. Mein Vater war toll – die meisten Söhne sagen das. Aber die danach? Unmöglich!

Nun hat sie also was mit diesem Alois – schon wieder ein Typ. Alle kennen ihn, aber niemand weiß, wie er sich anfühlt.

Claudias einstmals scharfer Verstand wird zu Brei. Sie bucht eine Reise und weiß am Tag danach nicht mehr, ob sie es tatsächlich getan hat. Ob sie überhaupt verreisen wollte oder ob jemand sie jetzt erwartet – und wer überhaupt das ist. Ihre Gedanken beschreibt sie als willkürlich. Claudias Gedächtnis hat Räder bekommen, jeder Gedanke fährt ihr davon, verpasst die letzte Ausfahrt oder bleibt im Stau stecken.

Die Krankenkasse muss zahlen, bis sie stirbt. Alzheimer ist nicht bloß eine Krankheit des Vergessens. Sie ist tödlich. »Das wird mich killen«, sagt Claudia in den Wochen nach der Diagnose täglich. Wann, weiß niemand so genau. Sechs oder sieben Jahre, sagt das Internet. Zwanzig, sagt der Arzt. Aber alle Daten sprechen von Menschen über siebzig oder achtzig – nicht Anfang sechzig wie Claudia. Kein Mensch weiß es.

Einmal frage ich Claudia, ob ich ihr etwas Gutes tun kann.

»Kannst du mich gesund machen?«

Dumme Frage, dumme Antwort – was hab ich erwartet?

ANS ENDE DER WELT

Die Reise nach Aitutaki ist so lang, dass man sich bei der Auswahl der Reiseverbindung erst mal entscheiden muss, in welche Richtung man um die Welt fliegen möchte. Entweder über Nordamerika und von dort über den Pazifik – oder aber in die andere Richtung über Dubai bis nach Neuseeland und von dort über den Pazifik. Wie bei Kolumbus auf der Suche nach Indien ist die Richtung egal, wenn man auf die andere Seite der Welt möchte. Selbst die schnellste Verbindung hätte mehr als 45 Stunden durchgängiges Reisen bedeutet. Das kann ich weder mir noch Claudia antun. Deshalb fliegen wir in Etappen. Nach einer kurzen Zwischenlandung in London weiter nach Los Angeles. Dort bleiben wir zwei Tage, bevor wir fast noch einmal so lange über den Pazifik bis auf die größte Cookinsel Rarotonga fliegen. Von dort geht zweimal am Tag eine Propellermaschine nach Aitutaki. Hat mich rund drei Tage gekostet, die Preise zu recherchieren und die Reise zu buchen.

Als wir ihre Wohnung verlassen, ist es draußen noch stockfinster.
»Müssen wir uns Sorgen machen wegen der Waldbrände?«, fragt Claudia seit zwei Wochen beinahe jeden Tag und jetzt schon wieder.

»Nein. Es brennt um Los Angeles herum, aber es ist nicht so, als würden wir mitten in das Feuer fliegen«, antworte ich.
»Die deutsche Feuerwehr ist die beste auf der Welt. Die haben sie da nicht. Wie sollen die das in den Griff kriegen?«
»Und wie sollen wir die deutsche Feuerwehr dahin kriegen?«
»Überlass das mal der Feuerwehr. Ich sag doch, das ist die beste auf der Welt«, lacht Claudia.

Schon am Beginn unserer langen Reise an das andere Ende der Welt verliert Claudia häufig die Orientierung. Sie weiß, dass wir nach Aitutaki reisen, aber der Flughafen wirkt auf sie wie ein großes Labyrinth.

»Wohin gehen wir gerade nochmal?«, fragt sie, als wir nach der Zwischenlandung in London unser Gepäck neu einchecken müssen. »Hab ich schon mal gefragt, oder?«, sagt Claudia dann schnell. Ihre Stimme klingt müde und genervt.

Ich antworte erst nicht, denn tatsächlich hat sie schon wiederholt danach gefragt, wo genau wir uns befinden und welchen Flug ich für uns gebucht hätte. Ich versuche, geduldig mit ihr zu sein, aber manchmal fällt es mir doch schwer.

»Wir müssen in das andere Terminal. Die können unser Gepäck nicht durchstellen«, seufze ich leise und versuche dabei, so zart und liebevoll zu klingen, wie ich kann.

»Tut mir so leid«, sagt sie und guckt wie ein kleines Kind beschämt zu Boden.

»Ist schon gut«, sage ich, »frag, so oft du willst. Tut mir leid.«

Es fühlt sich an, als hätten wir die Rollen getauscht. Früher war Claudia diejenige, die alles organisiert hat, aber jetzt liegt es an mir. Die Fallhöhe ihrer damaligen Selbstständigkeit zu der Abhängigkeit von heute ist unerträglich für sie. Und für mich auch. Immer wieder die Aussage, dass sie das doch früher selbst geschafft hat und dass jetzt nichts mehr zu funktionieren scheint. Die Reise einfach zu genießen ist für sie gerade unmöglich. Es sind einfach zu viele Eindrücke, die sie verwirren. Tausende Schilder, die irgendwohin führen. Alle haben es eilig, die meisten sind gestresst und ziehen ihre Koffer in eine andere fremde Richtung der Welt. Sie kann nicht mehr nachvollziehen, was sie an den Gepäckkontrollen tun soll, wo unser Gate ist und wie wir dort hinkommen. Sie krallt sich an ihre Erinnerung und in meinen Arm. Dieselben Gesprächsabschnitte wiederholen sich wieder und wieder. Wenn ihr das auffällt oder ein Wort nicht einfällt, schüttelt sie fest den Kopf und schimpft. Manchmal versuche ich sie aufzumuntern oder abzulenken. Aber manchmal kann ich auch selbst nichts mehr erwidern.

»Vorgestern habe ich mit Anika telefoniert«, sage ich, als wir auf den grauen Plastikstühlen am Gate sitzen und darauf warten, dass wir das Flugzeug nach Los Angeles besteigen können. Ich bin das Klischee eines Journalistenkinds und immer pünktlich. Ich hatte reichlich Puffer eingeplant, bis zum Boarding liegen noch 80 Minuten luftleerer Raum vor uns.

»Ach, sie ist so schön«, sagt Claudia jetzt und immer, wenn es um Anika geht.

»Sie sagte einen sehr schönen Satz«, fahre ich fort. »Sie beschrieb, was mein Job für diese Reise sei. Sie meinte, mein einziger Job sei es, meine Mutter am anderen Ende der Welt glücklich zu machen.«

»Sehr schöner Satz«, sagt Claudia grinsend. Und dann: »Ich finde es wundervoll, dass wir reisen. Und ich bin noch nicht ganz weg, weißt du? Ich bin verunsichert, das stimmt. Aber ich hab noch ein Hirn.«

»Was genau meinst du?«, frage ich.

»Na, das ist hier schon eine kleine Behindertenreise. Aber ich bin noch nicht ganz weg. Ich krieg das hier schon mit.« Sie sieht hinaus auf das Rollfeld, in der Ferne steigt eine Maschine in den wolkenverhangenen Himmel. »Ich habe manchmal dieses Bild von diesem wunderbaren Film im Kopf – mit diesem Autisten.«

»Rainman?«

»Rainman! Ja, genau. Der ist doch seinem Freund immer so hinterhergewackelt.«

»Hinterhergewackelt?«

»Ja. Und manchmal habe ich ein bisschen Angst, dass ich dir auch nur noch wie so ein Küken hinterherwackle. Aber noch wackle ich nicht«, lacht Claudia, rutscht tief in den Plastikstuhl hinein und schließt für einige Minuten die Augen.

Claudia am anderen Ende der Welt glücklich machen. Das ist die einzige Mission, die ich auf dieser Reise habe. Vieles fällt mir zu dieser Zeit noch schwer. Es macht mich traurig, dass ich nicht einfach ein Sohn sein und mit meiner Mutter fliegen kann wie jeder andere Mensch – mit Claudias Krankheit ist das nicht mehr möglich. Sie durch den Flughafen zu führen ist gar nicht so problematisch. Aber wenn sie Durst hat, muss ich ihr etwas kaufen. Wenn sie auf die Toilette muss, bringe ich sie dorthin und warte vor der Tür auf sie. Wenn sie fragt, dann antworte ich. Mir war vor dieser Reise nicht klar, wie sehr sie schon auf mich angewiesen ist. Wenn man nicht den ganzen Tag mit ihr verbringt, dann versteht man diese Einschränkungen nicht. Dann beschränken sich ihre Defizite auf ein paar vergessene Wörter oder einen verpassten Termin. Ich kann mir gar nicht vorstellen, wie das für sie sein muss. Ein ewiges Suchen von morgens bis abends, immer überfordert, immer verloren – kurz die Antwort gefunden und schon verschwindet sie wieder. Alois entreißt sie ihr jedes Mal aufs Neue.

Nach neun Stunden Flug kommen wir in Los Angeles an. Claudias Englisch ist nicht gut, und als sie aus dem Flugzeug steigt, fühlt sie sich noch verlorener, noch ausgelieferter als in Deutschland. Von mir abgesehen sind überall um sie herum nur Dutzende Fremde.

»Wenn du jetzt nicht da wärst, dann würde ich sterben. Ich würde hier sterben«, murmelt sie mir immer wieder zu. Ich bin mir nicht sicher, ob es die Aufregung ihrer ersten Stunden hier ist oder ob sie wirklich Angst hat. Es könnte auch eine Redewendung sein – aber bei Claudia weiß man nie. Vor allem jetzt. Sie ist grenzenlos kreativ und präzise zugleich, und das hat sich schon immer auch in ihrer Sprache ausgedrückt.

Die Einreise in die USA dauert mehrere Stunden. Mit Hunderten Menschen stehen wir in einer scheinbar endlosen Schlange, die sich durch eine riesige Halle windet. Claudia hat Durst. Wir können die Schlange aber nicht verlassen, und ich habe kein Wasser dabei. Sie erträgt es immer weniger und baut immer weiter ab. Ihr wird schwindelig und übel.

»Ich muss was trinken. Ich kann nicht mehr«, flüstert sie.

Endlich schiebt sich die Schlange ein paar Schritte voran, und sie atmet auf. Nur damit sich die Menschenmasse dann minutenlang keinen Zentimeter mehr bewegt. Als wäre man an einem heißen Tag in einer Wüste, in der es keinen Schatten gibt. Ich strecke die Hand aus, um ihren Rücken zu berühren, aber sie schüttelt mich ab, fest entschlossen, es allein durch diese Situation zu schaffen. Aber schließlich geht es nicht mehr.

»Ich muss hier weg. Ich geh auf Toilette. Kann ich?«, fragt sie mich, und ich bin einen Moment lang erschüttert, dass meine Mutter mich fragt, ob sie auf die Toilette gehen darf.

»Siehst du, da vorne?« Ich zeige durch die Menschenmasse auf einen Gang und hoffe, dass dort die Klos sind.

»Ich seh gar nichts ...«, flüstert Claudia, aber wackelt davon.

Sie geht gebeugt und auffällig langsam, wie man es eigentlich von Frauen erwartet, die zwanzig Jahre älter sind als Claudia. Ich verfolge sie mit meinem Blick, bis sie hinter einer Betonsäule verschwindet und dahinter nicht mehr auftaucht. Ich strecke mich und versuche über die Menschenschlange hinweg meine Mutter zu finden, aber von ihr keine Spur. Eine Minute vergeht, fünf Minuten, und nach zehn Minuten werde ich unruhig. Um mich herum sind koreanische Touristen, die kein Englisch sprechen, und ich versuche vergebens mit Händen und Füßen zu erklären, dass ich kurz die Schlange verlassen muss, aber gleich wieder auf meinen Platz zurückkommen werde. Da höre ich ein lautes, mir bekanntes Raunen. Claudia steht an der Seite der Halle, und ein sichtlich wütender Grenzbeamter hat ihren Arm gegriffen. Sofort lasse ich meine Tasche fallen und renne durch die Menge zu ihr. Claudia war auf der Suche nach dem Klo an den Kontrollen vorbeigegangen und hatte in den Augen des Grenzbeamten versucht, sich in der Schlange nach ganz vorn zu drängeln. Völlig eingeschüchtert steht Claudia neben dem großen Mann und hat Angst.

In diesem Moment bin ich wütend. Auf sie. Warum macht sie das? Warum kann sie nicht einfach warten, bis wir die Sicherheitskontrollen hinter uns haben? Ich bin in einem irritierenden Zwiespalt. Ich soll mich um sie kümmern, aber will sie doch zugleich behandeln wie die erwachsene Frau, als die ich sie kenne. Meine Mutter war immer stark und selbstbewusst, doch hier wirkt sie verloren wie ein kleines Kind. In jedem Moment, in dem ich sie nicht als erwachsene Frau sehe und anders behandele als früher, fühle ich mich schlecht. Als würde ich ihr ihre Autonomie nehmen. Diese Momente dauern meist nicht lange. Und als ich sie in diesem Moment neben dem Grenzbeamten sehe, traurig und eingeschüchtert, will ich sie einfach nur retten.

Ich erkläre dem Mann die Situation, und seine Miene lockert sich sofort, als er von der Diagnose hört. Ich spreche in etwas gequollenem Englisch, so, dass Claudia nicht versteht, was ich sage. Sie soll nicht das Gefühl bekommen, dass ich mich für sie rechtfertige. Sie packt meinen Arm und drückt ihn fest an sich, bevor wir uns umdrehen und ich sie zur Toilette bringe. Die koreanischen Touristen verstehen auch ohne Worte, dass wir unseren Platz in der Schlange wieder einnehmen. Eine ältere Dame drückt Claudia eine kleine Wasserflasche in die Hand und tätschelt ihr die Schulter.

Es dauert nicht mehr lange, bis wir unseren Pass gestempelt bekommen und den Flughafen verlassen. Zwei Zigaretten und eine weitere Flasche Wasser später geht es Claudia schon deutlich besser. Als wir uns in das Uber zum Hostel setzen, greife ich nach ihrer Hand. Claudia blickt mich nicht an, sieht nur starr aus dem Fenster.

»Ist alles okay?«, frage ich.

Ihre Antwort ist Stille – ich nehme das als ein Vielleicht. Langsam senkt sich ihr Kopf auf meine Schulter, und sie schläft ein. Als sie zur Ruhe kommt, macht sich in mir gleichzeitig eine überempfindliche Nervosität breit, eine Beklommenheit, die ich nicht recht einordnen kann.

DIE ZUKUNFT IST NICHT MEHR MEINE

Die erste Nacht in Los Angeles schlafe ich sehr unruhig. Wie nach einem Streit am Abend zuvor. Nie so richtig fest und mit jedem kurzen Wachwerden rasen die Gedanken in den Kopf, ankern den Konflikt und schlagen die Müdigkeit in die Flucht. Durch den Jetlag ist mein Körper verwirrt, was wir noch im Bett machen, gleichzeitig bin ich völlig erschöpft. Unser Zimmer in diesem Hostel ist ganz klein. Zwei Einzelbetten direkt nebeneinander. Das Badezimmer nicht im Raum, sondern wie in einer Jugendherberge am Ende des Flurs.

Mehrfach setzt sich Claudia in der Nacht gerade im Bett auf, verharrt kurz und geht dann aus dem Zimmer. Ich bin mir sehr sicher, dass sie nur auf die Toilette geht, aber jedes Mal schrecke ich im Halbschlaf auf. Will gerade fragen, ob sie etwas braucht, und dann geht sie schon. Ich schlafe nicht wieder ein, sondern warte, bis sie in unser Zimmer zurückkehrt. Durchgehend in Sorge, sie würde vielleicht nicht den Weg wiederfinden. Doch sie schafft es jedes Mal zurück, und als die Sonne aufgeht, schnarcht sie laut, während ich noch immer kaum Ruhe gefunden habe.

Am nächsten Morgen sitzen wir mit riesigen Humpen voll schwarzem Kaffee im Schatten eines kleinen Baums im Garten des Hostels mitten in Hollywood. Es sind angenehme 25 Grad, aber wegen der

Waldbrände ist der Himmel diesig, beinahe milchig. Die Straße vor dem Hostel ist wenig befahren. Dabei sind wir nur hundert Meter vom berühmten Hollywood Boulevard entfernt. Ich habe meinen Laptop auf dem Schoß und scrolle durch ein paar Artikel. Claudia sitzt neben mir mit einem Buch in der Hand und presst beim Lesen ihren Zeigefinger auf die Seiten, so stark, dass ihr Nagelbett ganz weiß wird. Sie kaut fest auf der Innenseite ihrer Unterlippe. Immer wieder blickt sie mich an, setzt an und wendet sich dann doch wieder still ihrem Buch zu.

»Claudia, frag ruhig, wenn du was brauchst«, sage ich.

Sie blickt wieder zu mir herüber und schiebt die Unterlippe beschämt hoch. »Ach, es ist schrecklich. Ich schäme mich so.«

»Was ist los?«, frage ich und klappe meinen Laptop zu.

»Ich kann nicht mal mehr lesen. Ich kann doch gut sehen, warum erkenne ich die Buchstaben nicht? Ich drücke meinen Scheißfinger die Zeilen entlang, damit ich wenigstens die Stelle behalten kann, aber dann rutschen mir die Worte hinten raus. Wozu der Scheiß? Du flitzt mit deinen Fingern die Tastatur entlang, und ich habe die ganze Zeit nur mit mir selbst zu tun.« Das ist nicht das erste Mal, dass Claudia Schwierigkeiten hat zu lesen, aber das erste Mal, dass sie aufgibt. »Junge ... das hatte ich nicht erwartet ...«, flüstert sie noch und starrt nach vorn. Sie atmet laut aus und schüttelt sich am ganzen Körper. »Du denkst immer, dass das alles so weitergeht. Was alles so in den Kopf kommt und wie man das verarbeitet, das erscheint uns so normal. Noch früher, als Kind, da fühlst du dich beinah unsterblich. All das, was in deinem Kopf passiert den ganzen Tag. Wie du auf Sachen reagierst, was du liest, lernst und verspürst – das kommt alles von allein. Aber nun mal nur so lange, bis das nicht mehr der Fall ist. Und dann ist es einfach weg. Es ist schrecklich.« Sie nimmt einen großen Schluck aus ihrer Tasse und sieht mich an. Ich halte ihren Blick und warte darauf, dass sie weiterspricht. »Ich fühl mich eigentlich nicht blöd. Ich weiß, dass ich nicht blöd bin, Lukas. Aber dauernd fallen mir irgendwelche Wörter nicht ein. Ich will mich mit dir über politische Fragen aufregen, aber plötzlich sind die Wörter weg. Dann krieg ich kaum einen Satz vor den anderen. Ich war mal wirklich ... ja, siehst du?!«, sie stockt, blickt in die Luft und sucht nach einem Wort.

»Eloquent?«, frage ich.

»Ja, sowas Ähnliches. Ach scheiße. Ist jetzt auch egal. Ich suche und suche und finde die Wörter nicht. Dabei war doch genau das meine große Stärke! Die richtigen Worte finden war doch mein Beruf. Von allem befreit hat mich das, und jetzt kann ich nicht mal mehr einen geraden Satz sagen oder Kinderbücher lesen. Was soll aus mir werden?!«

In diesen Momenten weiß ich kaum, was ich sagen soll. Noch ein paar Monate zuvor war ich einfach nur ein Sohn, und wenn ich ehrlich bin, wäre ich es gern geblieben. Mit Ende zwanzig will ich mich eigentlich um nichts anderes kümmern als um mich selbst – erst recht nicht um meine Mutter. Aber aus der Nummer komme ich nicht mehr raus.

»Weißt du, ich erinnere mich noch ...«, fährt Claudia fort. »Ich erinnere mich noch, wie faszinierend ich es immer fand, dass man alles immer irgendwie parat hat und so schnell auf Dinge reagieren kann. Aber jetzt ist es, als müsste ich mich jeden Morgen aufs Neue aufstellen und mir überlegen, wo ich bin, was ich hier mache und warum ich jetzt dieses oder das andere habe. Das Schwierigste ist das ständige Suchen. Ich suche und suche alles, finde es kurz, aber dann ist es wieder verloren.«

Ich nicke. »Ja, das sehe ich manchmal. Auch vorhin in unserem Zimmer. Du kommst in den Raum und siehst dich um, als würdest du etwas suchen, obwohl da nichts sein kann. Ich stell mir das vor wie diese Sekunde, wenn ich manchmal ein Zimmer betrete und mich plötzlich partout nicht mehr daran erinnern kann, was ich dort wollte«, sage ich.

»Dieser Bruchteil einer Sekunde – das ist mein Leben geworden«, sagt Claudia und nickt. »Jeder Raum ist eine Verwirrung, jede Sekunde eine Desorientierung. Hätte ich einfach einen gebrochenen Arm. Den kannst du dir angucken. Kannst sehen, wo die Wunde ist, gut schonen, und dann wirst du wieder. Aber hier geht es immer nur bergab.«

»Ja, ich wünschte auch, man könnte sehen, was nicht stimmt«, antworte ich und nehme den letzten Schluck aus meiner Kaffeetasse. »Ich sehe ja deine Verwirrung, und es bricht mir das Herz. Ich will dir was Gutes tun, will helfen, aber alles ist eigentlich umsonst. Egal wie gut ich dir den Weg in den Garten erkläre, nur Stunden später zeig ich ihn dir schon wieder. Und wenn ich darüber nachdenke, gebe ich mir auch selbst die Schuld dafür. Als hätte ich es nicht gut genug erklärt. Als müsste ich mir einfach nur viel mehr Mühe geben.«

Claudia blickt mich an und legt die Hand auf meinen Oberschenkel. In ihren Augen sehe ich den Schmerz.

Ihr Gesicht hat sich verändert, seit sie krank ist. Ich kenne sie als eine der robustesten und unabhängigsten Frauen in meinem Leben. Nie musste man in irgendeinem Kontext aufpassen, was man sagt. Erst mal hat man gesagt, was man denkt, und über die Konsequenzen nicht viel nachgedacht. Nicht unbedingt die beste

Kommunikationsstrategie, aber innerhalb unserer kleinen Familie war das der Umgang. Jetzt drehe ich gedanklich jeden gesagten Satz tausendfach hin und her in der Sorge, er hätte ihr ein schlechtes Gefühl geben können.

Claudias Lippen sind stark zusammengepresst und ihr Gesicht leicht verzogen, während sie wie so oft auf der Innenseite ihrer Unterlippe kaut. Die Stelle, an der sie kaut, hat sich schon vor einiger Zeit entzündet. Wir haben Cremes und Tabletten ausprobiert, aber manche Probleme kriegt man nicht mehr gelöst. Sie wird verwirrt bleiben. Sie wird weiter an der Lippe kauen, und die Schmerzen werden bleiben.

»Manchmal will ich am liebsten alles für dich wiederfinden«, sage ich.

Claudia lächelt mich an. »Armer Junge, ist die falsche Baustelle für dich. Ich mute dir viel zu«, sagt sie.

»Ich bin immer noch so bescheuert frustriert oder genervt, wenn bestimmte Sachen nicht direkt funktionieren und du so unsicher wirst. Deine Unsicherheit macht mich völlig kirre«, gebe ich zu. Ich schaffe es nicht, ihr dabei in die Augen zu sehen, und starre stattdessen auf den Boden meiner leeren Tasse. Der Kaffeesatz sieht aus wie ein Tintenklecks, denke ich, und schmeiße nie dagewesene Wahrsager-Karrierepläne augenblicklich über Bord, bevor ich weiterspreche. »Deine Unsicherheit ist für mich das Schwierigste. Dich irgendwo durchzuführen, dir zu erklären, was gerade passiert, oder Sachen doppelt und dreifach zu sagen, das stört mich überhaupt nicht so. Aber die ganze Zeit gegen deine Unsicherheit zu kämpfen. Das ist so anstrengend. Weißt du ...«, ich halte kurz inne und suche ihren Blickkontakt. Ich will ihr mit meinen Worten nicht wehtun oder sie unter Druck setzen, also gehe ich lieber auf Nummer sicher. Noch immer lächelt sie, und ich fahre fort. »Wenn du mich um Hilfe bittest, da fragst du jedes Mal, ob du mich damit nervst. Dabei will ich dir doch helfen. Dabei will ich doch unbedingt für dich da sein. Natürlich sollst du mich anrufen. Natürlich helfe ich dir. Es ist für mich völlig selbstverständlich, dass ich helfe. Und ich würde dir dann so gerne klarmachen, dass das so ist. Das, was mich wirklich anstrengt, ist deine Unsicherheit, nie das Helfen selbst.«

»Voll scheiße, ne?!«, lacht Claudia, und ich bin erleichtert, dass sie von meiner Offenheit nicht erschüttert scheint.

»Ich weiß auch, dass ich teilweise noch nicht sehr clever mit deiner Krankheit umgehe. Ich sage etwas, das dir hilft. Und wenn du mich dann nochmal danach fragst, dann habe ich diesen dämlichen Anspruch an mich selbst, mir jedes Mal etwas Neues zu überlegen.«

»Und ich traue mich manchmal nicht mehr, was zu fragen«, entgegnet Claudia. »Einfach, weil ich vermute, dass ich das schon dreimal gefragt habe oder zehnmal. Das ist genau das, was dich nervt. Und mich auch!«

In diesem Moment wird mir bewusst, wie unvorstellbar es immer schien, dass sich in unserer Familie jemand nicht trauen könnte, etwas zu fragen. Sich eine Frage nicht zu trauen, das gab es bei uns nicht. Ganz im Gegenteil. Viele Leute, die uns besuchten, waren sogar entsetzt, was für Fragen wir so stellten. In meinen frühesten Erinnerungen an Gespräche mit meiner Mutter fragt sie mich schon als Kleinkind nach meiner Meinung. Ich habe mich wahnsinnig ernst genommen gefühlt und das schon immer. Dass Claudia sich schämt, etwas zu fragen, widerspricht allem, was ich von uns kenne.

Sie runzelt die Stirn. »Das Problem ist, dass ich schon nicht mehr weiß, wann ich was gefragt habe. Das vergesse ich ja auch. Ich weiß nicht nur nicht, was du mir gesagt hast, sondern ich weiß auch nicht mehr, ob ich das schon mal nicht verstanden habe. In mir ist so viel Unklarheit, so viel Nebel, dass ich mir sicher bin, dass ich alles schon dreimal gefragt haben muss«, erklärt sie. »Scheiße ...«, sagt sie dann etwas leiser. »Verstehst du meine Scham?«

»Du musst dich nicht schämen«, sage ich zum hundertsten Mal. Aber wenn ich ehrlich zu mir bin, sage ich das viel mehr mir selbst als ihr. Ich stelle schon jetzt fest, wie irrelevant manche Sätze geworden sind. Der Zeitrahmen, in dem wir unsere Beziehung wahrnehmen, wird immer kürzer. Was im Jetzt passiert, wird wichtiger, und Gestern und Morgen verlieren allmählich vollständig an Bedeutung.

Als wir da sitzen, weiß ich nicht, wie ich überhaupt mit ihr umgehen soll – ich will sie einfach nach Aitutaki bekommen. Ich fühle mich völlig überfordert. Ich will trauern, aber darf nicht. Ich vermisse meine Mutter wahnsinnig, und trotzdem sitzt sie hier vor mir. Ich will sie anrufen und nach Rat fragen, und gleichzeitig ist sie der einzige Mensch, der mir jetzt nicht helfen kann. Zu häufig gehe ich noch instinktiv mit ihr um. In den meisten Fällen hilft das nicht. Manchmal rede ich mit ihr wie früher und dann wieder wie ein Vater zu seiner Tochter. Alles, was sie braucht, ist Konstanz und Ruhe – und ich weiß nicht, wie ich ihr das geben soll. Wenn sie mir in den Wochen zuvor Fragen wiederholt gestellt hat, habe ich sie manchmal raten lassen, was meine Antwort war. Als würde das ihr Gedächtnis trainieren. Dabei hat sie ja genau diese Fähigkeit verloren. Sie ist gar nicht im Stande, neue Dinge zu lernen. Wenn ich sie raten lasse, mache ich ihr nur Stress. Ich versteh nicht, wie mir das so lange derartig unklar bleiben konnte. In diesem Moment bin ich derjenige, der sich schämt.

Wir schweigen eine Weile, dann fährt Claudia fort. »Ich empfinde mein Verlieren und meine Wiederholung nicht. Das Vergessen ist für mich wie Wasser, das wegrinnt. Die Gedanken fließen unweigerlich aus meinem Kopf. Ich wünschte, ich könnte es ... aber ich kann das Loch nicht stopfen. Ich habe überhaupt keine Erinnerung an irgendwas. Ich kann die Wiederholung einfach nicht empfinden.«

Claudias brillantes Hirn ist inkontinent geworden. Die Welt pullert ihr tausend Sachen in den Schoß, und sie kann die Dinge nicht mehr halten. Dabei findet alles, was wir empfinden und als unser Leben wahrnehmen, doch in unserem Kopf statt. Wir sind nur das. Claudia zieht in eine Welt, die ich nicht kennen kann.

»Ach, Lukas ...« Sie atmet tief durch. »Ich will so gern mit dir über Sachen sprechen, die einen bestimmten Anspruch haben. Über Themen, bei denen man auch mal reflektieren könnte. Ich weiß aber schon bei der Vorstellung der Unterhaltung, dass ich so vieles nicht mehr verstehen würde, weshalb ich dieses Gespräch gar nicht erst versuche. Deshalb bin ich auch so gerne allein, weißt du? Ich beruhige mich in der Isolation. Da brauch ich mich nichts zu fragen und erst recht nicht zu antworten. Da sitze ich, gucke Kindersendungen und finde die schön.«

Bei der Vorstellung, wie meine Mutter *Die Sendung mit der Maus* sieht, muss ich lächeln. Ein friedliches und doch auch trauriges Bild.

Es war schmerzhaft mit anzusehen, wie sich Claudias Umfeld in den letzten Monaten immer mehr darauf eingestellt hat, dass sie blöd wird oder schon ist. Freunde kamen sie wohlwollend besuchen und waren dann doch überfordert. Sind dann früher wieder heimgefahren, weil sie überanstrengt waren. Alle hatten Ausreden, die wenigsten hatten gute. Für Claudia war es jedes Mal ein Schlag in den Magen.

»Früher hab ich so gerne Krimis geschaut. Aber auch da merke ich, dass es nicht mehr geht. Um wirklich Freude an solchen Sendungen zu haben, musst du ja mitraten können. Du musst aufmerksam sein und die ganzen Anhaltspunkte mitkriegen und schon vor den Detektiven wissen, dass der eine etwas wissen könnte, was der andere noch nicht weiß.«

»Aber du weißt auch nichts?«, frage ich.

»Meistens noch weniger als alle«, lacht Claudia. »Das Schöne am Krimi ist ja, dass es immer eine Auflösung gibt. Aber die macht mir dann auch keinen Spaß mehr, wenn ich nicht mit- und vorausdenken konnte. Der eine sagt das, die andere jenes – daraus folgern die Zuschauer das und das und das. Und das geht nicht mehr. Aber ich weiß doch tief in mir, dass ich nicht blöd bin. Ich weiß, dass ich nicht blöd bin.« Sie blickt mir fest in die Augen, und in diesem Moment wirkt sie so verzweifelt wie selten zuvor. Ich muss schlucken. »Ich kann mich über politische Probleme wahnsinnig aufregen, und meistens weiß ich auch, über welche. Aber ich kann sie kaum noch benennen, weil ich mittlerweile so über meine Worte stolpere. Ich suche und krame regelrecht nach Worten und finde sie einfach nicht. Noch kriegen das nicht alle mit. Und auch da merke ich: Ich würde weniger auffallen, wenn ich einfach schweige. Den letzten Roman, den ich geschrieben habe, habe ich fast nicht mehr geschafft. Meine Lektorin meldete sich bei mir und fragte, warum ich mich so häufig wiederholen würde. Das sei sehr ungewöhnlich. Wenn man so lange Geschichten schreibt, dann muss man sehr genau im Kopf behalten, wo man etwas geschrieben hat. Aber die Handlungsstränge und alles drum herum, das geht mir alles verloren, weißt du? Ich kann keinen Roman mehr schreiben. Ich müsste mich vermutlich, wenn ich wollte, auf Kurzgeschichten spezialisieren. Ach, Lukas …« Sie legt mir eine Hand auf die Schulter, als wolle sie mich trösten. Als sei ich derjenige, der seine Bestimmung verloren hat. »Es war mir immer so wichtig zu schreiben. Und jetzt verliere ich das. Da stellt sich doch die Frage, was ich eigentlich für eine Prognose habe. Ich kann doch eigentlich jetzt nur noch verlieren. Das wird niemals mehr besser werden. Ich hab eine Krankheit, die nur noch schlechter werden kann. Droht mir jetzt der Aufenthalt in einem Heim? Mit was kann ich mich umbringen, um das nicht erleben zu müssen?«

Dieser Moment ist der erste, in dem sie über Suizid spricht. Ein Thema, das uns noch oft beschäftigen wird. »Mein Körper ist ziemlich gesund. Aber das ist auch komplett für'n Arsch jetzt. Die Zukunft von heute ist nicht mehr meine. Dazu habe ich nichts mehr zu sagen. Es ist nicht meine Zukunft.« Kurz schweigen wir. Ich weiß nicht, was ich entgegnen könnte. Ich verstehe, was sie meint, und doch fehlen mir die Worte. Dann spricht Claudia weiter. »Ich mache mir häufiger Sorgen um deine Zukunft, die von deinem Bruder und eurer Generation. Aber ich selbst habe diese Zukunft nicht mehr. Mein Blick geht nur noch nach innen – der Blick ist kontemplativ, nicht stumpf, sondern still. Du hast dein ganzes Leben noch vor dir, und ich bereite mich auf eine völlig andere Reise vor. Und es tut mir leid, dass ich dich da mit reinziehe.«

»Bitte entschuldige dich nicht dafür. Das ist unsere Reise – ausgesucht haben wir uns das beide nicht.«

»Ich hab mir das alles anders vorgestellt, wie es irgendwann zu Ende geht. Nee, nicht anders ... Ich hab mir das einfach gar nicht vorgestellt. Ich spüre noch meine alte Stärke, den Willen und vor allem diese gottverdammte Geisteskraft. Aber ich habe keine Alternative, es gibt gar keine. Es gibt nur diesen Weg, der mich vergessen lässt. Alles, was passiert, verschwindet. Ich bin auf einer völlig anderen Reise als du.« Sie sieht mir fest in die Augen, bis ich stumm nicke. »Das Einzige, was mich beruhigt, ist, wenn ich völlig allein bin«, sagt sie. »Mich selbst muss ich nichts fragen, und mir selbst muss ich auch nie antworten. Ich sitze auf dem Balkon und rauche oder liege auf dem Sofa und gucke Fernsehen – das finde ich schön. Ich traue mich gar nicht mehr, irgendwo alleine hinzugehen. Diese scheißverdammten kleinen Schritte von unserem Hotelzimmer hierher in den Garten. Die gehe ich immer und immer wieder. Jedes Mal laufe ich rum und suche. Ich hab immer nur mit mir selbst zu tun und verarsche mich. Ich verarsche immer nur mich. Es ist so... Ja, es ist schrecklich ...« Claudia schluckt fest.

Mir selbst sind die Ausreden und Worte der Besänftigung längst ausgegangen.

Sie steht auf und läuft ein paar Schritte. Sofort frage ich mich, ob sie in diesem Moment weiß, wo es zurückgeht zum Hostel? Da bleibt sie schon stehen und dreht sich noch einmal zu mir um.

»Ich könnte auch sagen, dass ich das jetzt einfach annehme. Diese Krankheit ertrage. Aber kann ich das überhaupt entscheiden? Sie breitet sich immer weiter aus in mir und wird immer schlimmer, oder? Ist sie eigentlich tödlich?«

Es kommt nicht mehr allzu häufig vor, dass Claudia mir eine Frage zum ersten Mal stellt. Deshalb muss ich schlucken, als ich ihre Frage höre.

»Ja …«, antworte ich leise.
»Woran stirbt man denn?«
»Ich bin mir nicht ganz sicher. Früher dachte ich immer, dass man eines Tages einfach vergisst … na ja, dass man einfach vergisst zu atmen.«

Sie streckt den Hals in die Höhe und atmet dreimal tief ein.

»Na also! Noch geht's.«

EIN GANZ KLEINER KRIEG

Als ich frühmorgens aufstehe, ist Claudia nicht im Bett. Ihr Kopfkissen liegt auf dem Boden, das Laken zerknüllt am Fußende der Matratze. Kurz mache ich mir Sorgen, ziehe mir eine Hose an und gehe in den Garten des Hostels, um nach ihr zu sehen. Dort finde ich sie nicht – auch in der Küche oder im Bad ist sie nicht. Auf dem Weg zur Rezeption, vorbei an den geschmacklosen Hollywood-Klischee-Postkarten, höre ich plötzlich ihre Stimme. In gebrochenem Englisch unterhält sie sich mit der Besitzerin des Hostels und redet von Aitutaki. Eine Insel am anderen Ende der Welt. Ein ewiger Traum. Nur sie mit ihrem Sohn.

»Good son«, sagt die Frau.

»Good son!«, antwortet meine Mutter.

Ich selbst bin mir in diesem Augenblick nicht so sicher.

»Ah, Junge! Da bist du ja!«, brüllt mir Claudia da entgegen.

Den Großteil des Tages gehen wir den Hollywood Boulevard entlang. Claudia hatte es sich glamouröser vorgestellt und ich auch. Die Straße ist dreckig, die Namen in den Sternen des Gehwegs haben wir fast alle noch nie gehört, kommen uns höchstens vage bekannt vor. Der Geruch von Cannabis liegt an jeder Ecke in der Luft, niemand wirkt hier wirklich normal. Alles ist ein wenig drüber, laut und erschöpfend. Zu Fuß lässt sich kaum etwas entdecken, also schlendern wir einfach die riesige Straße entlang, bis der Bürgersteig irgendwann aufhört. Da entdecken wir doch noch einen Namen in einem Stern, der uns bekannt ist: Whoopi Goldberg. Das obligatorische Foto wird gemacht und in die WhatsApp-Gruppe der Familie gesendet.

»Jetzt können wir endlich hier weg«, denke ich erleichtert, als ich mein Smartphone wieder in die Tasche stecke. Dieser Ort strengt mich an. Ich will meine Ruhe, ich will zu meinen Freunden, ich will zu Anika, und ich will erst recht nicht meine Mutter umsorgen müssen. Ich versuche mir ein Lächeln aufzuzwingen, aber Claudias Gemüt ist zu dünn, ihr Gespür zu gut – sie merkt sofort, dass es nicht authentisch ist. Sie wird unruhiger, verunsicherter und wirkt beinah wie ein kleines Kind, das sich nicht geliebt fühlt. Immer wieder fragt sie, ob sie mich nervt, ob ich lieber woanders wäre. Ihre Unsicherheit treibt mich in den Wahnsinn. Wieder einmal. Sie fragt zum fünften Mal, ob alles in Ordnung sei, während ich versuche, über Google Maps den Weg zurück zum Hostel zu finden.

»Claudia! Es ist alles in Ordnung! Bitte frag nicht mehr«, fahre ich sie an.

»Brüll mich bitte nicht an«, sagt sie ganz leise.

»Ich brüll doch gar …«, setze ich an und halte endlich inne. Ich halte endlich den Mund.

Manchmal vergesse ich fast, wie Claudia war. Sie ist noch gar nicht so lange krank. Aber das Bild, das ich von meiner Mutter hatte, das verbleicht immer mehr, wie ein Foto in der Sonne. Meine Mutter stirbt vor meinen Augen, und ich denke nur an meine Freunde zu Hause und was die wohl gerade machen. Sie kann nichts dafür. Sie kann einfach nichts dafür.

»Komm her«, sage ich und umarme sie. Ich küsse sie auf die Stirn. »Tut mir leid! Ich bin gestresst. Das hat nichts mit dir zu tun. Ich liebe dich!«, sage ich und drücke sie noch fester an mich.

»Ich krieg das nicht in den Griff, Lukas.« Sie sieht mich entschuldigend an. »Das, was dich stresst, das schaff ich nicht zu ändern. Ich spür, was du meinst. Aber das schaff ich nicht«, winselt sie mit gequälter Stimme.

»Ich weiß – es tut mir leid.«

Mir ist klar, dass sie meine Entschuldigung in diesem Moment nicht greifen kann und dass sie auch nicht mehr bei ihr ankommen wird. Denn wenn ein gewisser Punkt einmal überschritten ist, dann hallt das schlechte Gefühl noch lange in ihr nach. Viel länger als jede positive Erfahrung oder Entgegnung. Die ganz großen Highlights hinterlassen Spuren in ihrem Gemüt – teils wochenlang. Aber von diesen wenigen Dingen abgesehen sind es vor allem die negativen Momente, die ihre Stimmung für Tage und Wochen färben können. Für den Rest des Tages wird ihre Unsicherheit anhalten, und dagegen werde ich kaum etwas tun können. Retten kann uns nur eine Nacht tiefer Schlaf. Wenn der Konflikt klein genug war, können wir morgen wieder bei null anfangen.

Es kostet mich so viel Kraft, mich daran zu erinnern, dass das immer noch meine Mutter ist. So lange hatten wir eine Beziehung auf Augenhöhe, und ich kann nicht verstehen, dass sie nicht hört, was ich höre. Nicht sieht, was ich sehe. Wir fühlen anders. Ich kann mich noch so sehr zurücknehmen, doch irgendwann holt uns die Realität ein, und die ist für uns beide nicht mehr dieselbe wie früher. Manchmal fühlt es sich an, als wären wir auf zwei verschiedenen Planeten und kommunizierten mit Walkie-Talkies vom Flohmarkt. Der Empfang ist so schlecht, dass es mir manchmal wie Zeitverschwendung vorkommt, weiter zu reden. Wozu das alles? Warum sich die Mühe machen? Ist das Leben nicht ein einziges Warten auf Demenz, Krebs oder Schlimmeres? Warum es überhaupt versuchen, wenn es am Ende doch so ungerecht ist. Claudia hat nichts falsch gemacht – wenn sie es verdient hat, dann hat es jeder.

Oft blitzt zu dieser Zeit noch durch, wer sie war. Gerade dann, wenn sie von sich selbst erzählt und davon, was sie erlebt hat. Aber wir beide müssen auf unsere eigene Art und Weise immer wieder erschrocken feststellen, dass wir hier über jemand Dritten sprechen, die nicht mit uns verreist. Diese Frau, die hier vor mir sitzt, das ist jemand anderes. Auch sie ist wundervoll, aber so viel unsicherer und vorsichtiger, als die Frau, die mich großgezogen hat.

Die Frau, die hier vor mir sitzt, ist voller Angst und vollkommen abhängig von mir. Sie könnte niemals alleine nach Hause finden – wenn ich sie hier verliere, dann ist sie Geschichte. In mir sträubt sich alles dagegen, diese Verantwortung zu tragen. Ich will meine Meinung sagen können und genervt sein, wenn ich mich danach fühle. So, wie ich es mein ganzes Leben lang getan habe. Aber ich kann nicht mehr einfach ehrlich sein. Ich kann nicht mehr einfach Sohn sein. Dabei ist mir die Rolle des Kindes bei meinen Eltern noch immer die vertrauteste. Die Ruhe bedingungsloser Liebe, bedingungsloser Aufmerksamkeit. Der emotionale Wohlstand, das alles als Selbstverständlichkeit zu sehen. Als Erwachsener ist man nicht mehr derartig auf diese Umstände angewiesen, aber dennoch tut es gut zu wissen, dass man diesen Rückzugsort hat.

Doch plötzlich ist all das weg, und stattdessen bin ich in der

Rolle gefangen, die Aufmerksamkeit und Fürsorge erfordert. Das Privileg, einfach nur Sohn zu sein, hat sich in Luft aufgelöst.

»Warum krieg ich die Scheiße und nicht jemand anderes?«, fragt Claudia, als wir eine Weile im Stillen die Straßen entlangmarschiert sind. Sie meint es nicht mal ironisch. Sie will keine Lückenfüller-Antwort – sie will endlich eine Erklärung für diese Ungerechtigkeit.

»Ich will mein Leben zurück, Lukas.«

»Ich weiß.« Das ist alles, was mir einfällt.

Immer wieder mal hat Claudia Lotto gespielt und nie einen Treffer gehabt. Und nun das? Alzheimer mit sechzig – voll auf die Zwölf. Verdammte Scheiße. Claudia will einfach wieder sein wie die anderen, ganz normal. Mal glücklich, mal nicht. Manchmal erfolgreich, oft aber auch nicht. Einigermaßen zufrieden im Mittel. Einfach mittelgesund würde schon reichen.

Alle Informationen in Claudias Hirn, ja, selbst ihre Gedanken und Gefühle müssen sich fürchten vor Alois' Schwamm, der stündlich über die Tafel wischt. Viele beschissene Männer hat sie gehabt im Leben, aber Alois schießt den Vogel ab. Er schenkt keine Blumen, sondern Löschpapier. Das große Ganze hat er ihr genommen, die kleinen Dinge in ihrem Gemüt offengelegt. Eine Zuwendung fühlt sich an wie Weihnachten. Ein strenges Wort erschüttert bis ins Mark. Bitte keine lauten Worte! Keine schnellen Bewegungen. Keine mitleidigen Blicke. Auf keinen Fall ein böses Wort zu ihr, jede Ablehnung scheint ein Weltuntergang zu sein. Claudia ist der kleine Prinz und hört das Gras wachsen. Schlechte Laune kann sie riechen, jedes strenge Wort erschüttert sie. Kommt dieser Mann einfach so in unser Leben, kriecht in jede Zelle ihres Körpers. Hat niemanden gefragt, ist einfach in sie eingedrungen. »Wie ein Vergewaltiger!«, schimpft Claudia einmal.

Damit kennt sie sich aus.

In ihrem letzten Roman hat sie das alles laut gemacht und ganz bewusst ein Tabu gebrochen. Ich wusste schon vorher, dass sie Missbrauch erlebt hat. Wir haben als Familie über alles gesprochen, und auch das war ein Teil davon.

»Sag nicht, was wir hier tun, sag das nicht deiner Mutter, vergiss das Ganze«, hatte er ihr gedroht. Vielleicht hat Claudia das zu wörtlich genommen? Vergisst sie das jetzt einfach alles?

Ich hatte immer Angst vor meinem Großvater. Er war ein aggressiver, streitlustiger Mensch. Man sagte, er könne in einer leeren Telefonzelle einen Streit anfangen – ohne den Hörer abzunehmen. Ich erinnere mich nicht, dass ich ihn je umarmt oder auch nur Opa genannt habe. Irgendwann muss es passiert sein, aber meine einzige Erinnerung an ihn ist, dass ich vor ihm weggelaufen bin und mich versteckt habe. Ich muss fünf oder sechs Jahre alt gewesen sein. Meine Großeltern waren Bauern und damit sehr erfolgreich. Das ganze Dorf hatte sie für verrückt erklärt, als sie irgendwann eine Konservenfabrik gebaut haben. Jahre später waren sie so reich, dass niemand mehr lachte.

Damals habe ich in der Fabrik einige der Arbeiter mit meiner neuen Wasserspritzpistole abgeschossen. Ich habe gelacht und der nette polnische Mann am Fließband auch. Da kam mein Großvater, brüllte den netten Mann an, er solle zurück an die Arbeit. Dann zeigte er auf mich und ging mit raschen Schritten auf mich zu. Ich bin weggerannt und habe mich im Haus versteckt. Er hat mich nicht gefunden.

Ich glaube wirklich, das ist meine einzige Erinnerung an ihn. Sonst kenne ich ihn nur von Bildern. Dieser Mann hat meine Mutter missbraucht. Dieser Typ hat ein Trauma in ihr ausgelöst, das sie über Jahrzehnte in die Therapie getrieben hat. Er war einer der großen Gründe, warum meine Eltern sich getrennt haben. Vielleicht bilde ich mir das nur ein, vielleicht spricht da nur die naive Hoffnung eines jeden Scheidungskindes aus mir – aber vielleicht hätten sie das hingekriegt, wenn da nicht dieser Missbrauch im Raum gestanden hätte?

Mein Großvater ist ungestraft gestorben. Ich habe natürlich lange nicht verstanden, woran er Schuld trägt. Und in seinem Dorf wurde er verehrt, war der Gemeindeleiter der Kirche. Ich erinnere mich an seine Beerdigung, damals war ich noch sehr jung. Der Pastor sprach davon, was für ein gläubiger und bewundernswerter Mann er gewesen sei. Doch gottestreu nur nach vorn und hinten zerstörerisch. Schon verrückt, was ein kleiner, dicker Mann aus Nordhessen doch so anrichten kann. Was ihn um Jahrzehnte überlebt.

Wir hatten nie viel mit dieser Seite der Familie zu tun, es gab immer eine gewisse Distanz zu ihnen. Wir – das waren immer nur die vier Schreibers, die in Moskau, Brüssel und sonst wo unterwegs waren – und der Rest der Sippe. Und daran änderte sich auch nichts bei den seltenen Gelegenheiten, zu denen wir in die Heimat meiner Mutter fuhren. Ein kleines Dorf in Nordhessen, der Bus kommt einmal die Stunde, Feld links, Feld rechts, wieder ein Haus und ein Feld dahinter. Für ein Stadtkind wie mich, das noch nie eine Milchkuh aus der Nähe gesehen hatte, war das ein Ort, um sich fremd zu fühlen. Nicht nur zu dem Dorf, sondern auch zu den Menschen. Mir persönlich wurde hier nie etwas angetan, aber wirklich wohl habe ich mich dennoch nie gefühlt. Und der anderen Seite ging es bei unseren Besuchen genauso. Als hätte man gemeinsam akzeptiert, dass wir nur wenig miteinander anfangen können. Das Einzige, was uns verband, war Claudia. Fast alle meine Onkel, Tanten, Cousins und Cousinen mütterlicherseits leben in einem von drei Dörfern, die direkt nebeneinander liegen. Das ist nicht unbedingt ein hässlicher Teil Deutschlands, aber ich fühlte mich jedes Mal seltsam fehl am Platz, wenn meine Familie sich verpflichtet fühlte, die Sippe anlässlich einer Hochzeit oder eines Geburtstags zu besuchen. Vielleicht war es auch nur mir, auf eine seltsam beschützende Art und Weise, unangenehm, dort Zeit zu verbringen. Mein Bruder hatte nämlich nie ein Problem damit. Doch ich konnte den Schatten, den mein Großvater auf diesen Ort warf, immer spüren. Für Claudia selbst war es phasenabhängig. Manchmal suchte sie Nähe und Gespräche zu ihrer Familie, andere Male musste sie so weit davon weg, wie sie nur konnte.

Seit Claudia krank ist, muss ich häufig an meinen Großvater denken – jeden Tag ein bisschen. Dabei kenne ich von ihm eigentlich nur die schmerzvollen Spuren, die er auch Jahrzehnte nach seinem Tod noch hinterlassen hat. In Claudias Wohnung habe ich in einer Kiste ein Bild von ihm gefunden. Darauf war er gerade mal neunzehn Jahre alt. Kantiges Gesicht, dem meiner Mutter sehr ähnlich. Eine Hakenkreuzbinde am Arm. Es rundet das Bild, das ich von ihm hatte, ab. Wirklich sympathisch war er vermutlich nie.

Claudia war ein kluges Kind, die Erste ihrer Familie, die jemals das Gymnasium besuchen durfte. Sie hatte ein großes rundes Gesicht, dichtes kurzes Haar und ein Lächeln, das im ganzen Dorf bekannt war. An das erste Mal, dass ihr Vater sie mitten in der Nacht besuchte, konnte Claudia sich nicht erinnern – das war schon immer so gewesen.

Eine Zeit lang muss Claudia den Missbrauch verdrängt und vergessen haben. Doch ungefähr als wir nach einigen Jahren in Moskau zurück nach Deutschland zogen, drängte sich die Erinnerung in ihr Leben zurück, bis es keine Chance mehr gab, sie zu ignorieren. Ich war damals gerade mal sieben Jahre alt. Lange war ihre Erinnerung in völliger Dunkelheit gewesen, und plötzlich machte ihr Gehirn das Licht an. Nun erinnerte sie sich an jeden einzelnen Zentimeter, an jede Berührung, an jede Minute und an jedes Detail.

Alle schliefen schon, wenn durch den Türspalt der winzige Streifen des beleuchteten Flurs sich mit unerbittlicher Langsamkeit in ihrem Kinderzimmer ausbreitete. Der Schatten ihres Vaters schob sich über den Boden. Das schwere Pochen seiner Schritte und der Geruch von Alkohol füllten den Raum. Wenn er sich auf die Kante ihres Bettes setzte, ließ sein Gewicht die Matratze tief einsinken, sodass Claudia ihm beinah in die Arme rollte. Er war ein kleiner, dicker Mann, der nach Tabak und Schweinescheiße roch – sonntags hatte der Duft noch einen Hauch von billigem Aftershave, das er vor dem Kirchenbesuch auftrug. Wenn er betrunken war, schnaufte er laut. Claudia presste die Augen zusammen und tat so, als ob sie schliefe. Meist wurde er schnell ungeduldig und rüttelte unwirsch an ihrer Schulter.

Erst war es oft noch unmöglich zu sagen, ob seine Liebkosungen schon die Grenze tolerierbarer Zuneigung überschritten hatten. Doch schnell waren alle Regeln außer Kraft gesetzt. Manchmal vergingen einige Minuten, ehe sie wusste, ob sie nun geküsst oder geschlagen werden würde. Er hielt ihr Gesicht in seiner Hand und strich mit seinen dicken Fingern entlang der Vertiefung zwischen Nase und Oberlippe. Sein warmer Mundgeruch drängte sich an ihren Hals. In manchen Momenten war Claudia beinah dankbar, dass jemand sie beachtete, egal wie schmerzhaft seine Zuneigung sein würde. Für ein kleines Mädchen, das sonst nur verprügelt oder ignoriert wurde, war dies der einzige Ort für ein bisschen Nähe. Wenigstens schenkte ihr jemand Aufmerksamkeit. Wenigstens bestätigte jemand, dass sie überhaupt existiert. Claudia verfluchte sich dafür, aber wollte ihren Vater zugleich nicht enttäuschen. Schließlich war sie sein Liebling, oder? Sonst würde er das doch nicht tun. Immer wieder hatte er ihr doch gesagt, dass sie etwas ganz Besonderes sei.

Wie die Schweine auf dem Hof, die sich aneinander reiben und schubbern, um Zuneigung zu zeigen, rieb ihr Vater sich an Claudia und ließ sich von ihr reiben.

Claudias Mutter bekam wohl mit, dass ihr Mann spät in der Nacht in Claudias Zimmer verschwand. Man würde meinen, dass sie ihre Tochter hätte beschützen wollen, aber stattdessen war sie wütend auf Claudia. Eine Reaktion, die sich jeglicher Rationalität entzieht. Wenn Claudia Hausaufgaben machte, ging ihre Mutter manchmal an ihr vorbei und schlug ihr ohne Worte ins Gesicht. Mit der Zeit beschlich Claudia so das Gefühl, dass sie selbst besser für ihren Vater wäre als ihre grausame Mutter. Warum würde sie sonst so wütend werden?

Und so wartete Claudia in der Nacht auf ihren Vater. Darauf, dass er sich nachts an ihr Bett setzen würde, meist nach Mitternacht, ganz heimlich, *einfach mal schubbern*.

Und so, wie ihr Vater sich damals zu Claudia ins Bett legte, legt sich heute der Alzheimer zu ihr. Streichelt ihr durchs Haar – *nur mal kurz schubbern* – erst ganz zart, nur ein wenig, doch dann übertritt er jede Grenze. Und nimmt sich auf zerstörerische Weise, was er will.

Während wir uns noch immer in der kalifornischen Nachmittagshitze unseren Weg vom Hollywood Boulevard zurück zum Hostel bahnen, nehme ich ihre Hand. Wenn ich ihre Stimmung nur immer auf einem guten Level halten kann, dann bleiben ihr auch die Sorgen ferner. Aber was, wenn ich das nicht schaffe? Wenn ich ihr, auch nur im Ansatz, Stress verursache, dann schleichen sich augenblicklich Sorgen und Kummer aus der Vergangenheit ein. Dann bereut sie fast alles. Wie ihr Liebesleben lief, ihre Beziehungen, ihre Zeit in der Kirche oder ihren Austritt daraus, ihren Weggang vom SWF, wo sie eine richtige Journalistin geworden wäre. Der Alzheimer missbraucht sie genau wie ihr Vater damals. Fasst sie an, wo sie nicht angefasst werden will, und nimmt ihr dabei jeden Mut, Scharfsinn und Intellekt. Dabei war das doch das Einzige, das sie aus diesem Drecksloch in Nordhessen hat befreien können. Ihre Intelligenz hat sie da weggeholt. Ihr Verstand hat sie aus dieser Hölle befreit, und jetzt bröckelt eben dieser Verstand immer mehr davon.

»Warum hab ich das?«, fragt Claudia wieder, während wir die Straßen entlanglaufen.

»Ich glaube, darauf gibt es keine gute Antwort«, entgegne ich.

»Vielleicht wirklich, weil der Roman zu viel war? Vielleicht habe ich mir zu viel zugemutet? Damit, das alles von früher da hineinzupacken?«

»Kann schon sein. Dein Anfall war nur eine einzige Woche, nachdem dein Buch veröffentlicht wurde. Dein Körper hat vielleicht schon davor längst Alarm geschlagen, und du hast es durchgezogen, bis die Ziellinie erreicht war. Und dann, als du damit fertig warst, ist alles irgendwie schlimmer geworden.«

»Weißt du, Lukas, wenn du Missbrauch erlebst, dann wird davon ausgegangen, dass du den Mund hältst, dass du das verschweigst – das muss so sein. Der Täter sorgt dafür, dass das sehr klar wird. Aber ich wollte das laut machen und zum ersten Mal so richtig detailliert erzählen, was Missbrauch bedeutet. Ich wollte in diesem Buch nichts mehr verschweigen. Ich hab endlich alles laut gemacht. Vielleicht war das zu viel. Aber ich musste das schreiben. War es das? Hab ich mir zu viel zugemutet?« Claudia sucht Antworten auf Fragen, die nicht zu beantworten sind. »Aber ich hab ihn umgebracht«, sagt sie dann selig lächelnd. »Das war so geil, diesen Täter zu erwürgen mit nur einer Hand. Das können nur Autoren. Dafür komme ich nie in den Knast, aber ich hab mich gerächt – ganz legal.«

»Meine Mutter ist eine Mörderin«, sage ich und sehe ein kindliches Strahlen in ihren Augen.

»Schriftsteller können alles sein. Das ist ein Geschenk«, antwortet Claudia, und dann wird sie plötzlich wieder ganz ernst. »Manchmal weiß ich nicht, warum ich in meinem Leben so viel Stress mit den Männern hatte. Zum Teil weiß ich natürlich schon, wie es dazu kam, aber so richtig blendend habe ich das einfach nie hingekriegt.«

Als ich sie mitleidig ansehe, schüttelt sie schon den Kopf: »Hab ich schon eingeordnet für mich. Aber wenn ich nochmal die Chance hätte, dann würde ich mir wünschen, dass ich nicht so viel kämpfen muss. Es war einfach zu viel Kämpfen. Die ganze Familie, aus der ich kam, das war ein einziger Kampf. Vielleicht war es der Schrecken der zwei Weltkriege, die meine Eltern erleben mussten. Unser Haus war voller Aggression und Wut. Man spricht ja immer davon, wie wichtig ein Haus voller Liebe sei.« Sie lacht kurz auf. »Das gab es bei uns ganz und gar nicht. Alles bei uns war ein ganz kleiner Krieg, der niemals aufgehört hat.«

Dieser kleine Krieg und der Schmerz ihres Missbrauchs haben einen unheilbar großen Schmerz hinterlassen. Mehrfach hat sie sich aus tiefen Depressionen wieder herausgekämpft, aber der tiefe Stress ist geblieben.

»Vielleicht war dieser Stress in meinem Zuhause der Beginn von meiner Krankheit. Stress, der nie aufhörte. Emotionaler Stress, der irgendwann nicht mehr auszuhalten ist. Vielleicht schenkt die Krankheit mir im wahrsten Sinn des Wortes genau, was sie verspricht: Vergessen.« Wir bleiben stehen, und sie sieht mich mit großen Augen an. »Verstehst du, was ich meine? Schlicht und ergreifend Vergessen. Und dann ist es beinahe eine Gnade. Dass mir die Krankheit dieses Geschenk macht. Endlich darf ich vergessen.«

TRÄUME TÖTEN

Für eine halbe Ewigkeit reisen wir über den Pazifik. Wir fliegen so lange, dass man glauben könnte, wir flögen wieder zurück nach Deutschland. Aber wäre das der Fall, dann wären wir längst angekommen. Für uns geht es an den Ort, der seit dreißig Jahren nach ihr ruft. Ein Ort, den Claudia seit Jahrzehnten vermisst, obwohl sie nie dort war. Je näher wir kommen, desto unruhiger werde ich. Es müsste mitten in der Nacht sein für meinen Körper, aber da bin ich mir nicht mehr sicher. Liegt meine Nervosität auch daran? Ich kann kein Auge schließen. Der Ruf Aitutakis hält mich wach und singt Claudia in den Schlaf. Immer wenn ich mich zu ihr umdrehe, sind ihre Augen geschlossen, ihr Gesicht ist völlig entspannt. Sie hat viele Einschränkungen, aber Schlaflosigkeit gehört nicht dazu. Die Frau ratzt wie ein Stein. Gut so!

Als die Anschnalllichter mit einem leisen Pling aufleuchten und die Durchsage zum Landeanflug durch den Flieger schallt, sehe ich aus dem Fenster. Für rund zehn Stunden waren unter uns nur Wolken und eine weite tiefschwarze Fläche – eine Platte wie dunkles Glas von Horizont bis Horizont. Plötzlich trennt auf einen Schlag eine unsichtbare Mauer das tiefe Schwarz von einem hellen Türkis, das selbst Postkartengestaltern zu kitschig wäre, und die ersten grünen Punkte tauchen auf. Sie werden immer häufiger, immer größer, grüne Hügel, umrankt von einem winzigen Streifen Strand. Von hier oben sieht das Wasser nicht mal einen Meter tief aus, so hell strahlt uns der Sand unter der Meeresoberfläche entgegen. Ich blicke nach hinten zu Claudia, und nun ist sie hellwach. Sie hält sich die Hand vor den Mund und starrt aus dem Fenster. Ich will ihr irgendetwas sagen, aber schweige dann doch. Sie drückt ihre Stirn gegen die Plastikscheibe und beißt fest auf ihre Unterlippe. Ein Ort, zu dem man seit über dreißig Jahren reisen wollte, muss genau so aussehen.

Auf der größten Cookinsel Rarotonga haben wir ein paar Stunden Aufenthalt, bevor wir mit einer winzigen Propellermaschine weiter nach Aitutaki fliegen. Nach Rarotonga hat uns noch ein großer Airbus gebracht, die nächste Maschine ist etwas völlig anderes. Als wir in den Flieger einsteigen, fragt Claudia, ob das wohl sicher sei. Ich biete ihr an, dass wir natürlich auch einfach wieder heimfahren können. Da lächelt sie und steigt entschlossen die drei Stufen hinauf.

Die Maschine hat vielleicht gerade mal zehn Reihen mit jeweils zwei Sitzen, und die Propeller sind wahnsinnig laut zu hören. Außer uns fliegen nur ein paar Locals und ein amerikanisches Rentnerpaar mit, in der letzten Reihe sitzen ein paar Rugbyspieler im Trikot, als wären sie vom Spielfeld direkt in den Flieger gestiegen.

Dieser letzte Flug dauert noch eine Stunde, und ich muss mir zwischendurch die Ohren zuhalten, weil der konstante Lärm so schwer zu ertragen ist. Claudia starrt durchgängig aus dem Fenster und redet kaum – auf meine Fragen antwortet sie nicht. Das helle Blau brennt sich in ihr Gesicht, sie saugt die Bilder auf, als würde sie die nie wieder vergessen wollen.

Die Propellermaschine setzt hart auf dem Beton der Landebahn auf und bremst viel schneller, als ich es von großen Flugzeugen kenne – auf Aitutaki ist nicht viel Platz zum Bremsen. Die Landebahn ist nur ein kurzer Streifen Beton, der sich entlang der ganzen Nordseite der Insel erstreckt. Die drei gewaltigen Rugbyspieler, nicht groß, aber breit, drücken sich beim Aussteigen durch die kleine Flugzeugtür und sehen neben meiner kleinen Mutter zum Lachen gigantisch aus. Die Landebahn endet an einem einzelnen hölzernen Bungalow, hellblau angestrichen. Davor steht ein Schild. Die Schrift von der Sonne ganz bleich, aber dennoch gut zu lesen. Nach einer Reise um die ganze Welt kommen wir endlich an.

Welcome to Aitutaki.

Claudia weint, als sie das liest. Sie kann nicht fassen, endlich hier zu sein.

Schon von der Landebahn aus sieht Aitutaki aus wie der Name klingt. Die großen Pazifikwellen brechen weit hinten, wo die Lagune beginnt. Am Strand selbst sind sie winzig klein. Ich habe schon viele Inseln gesehen – aber Aitutaki schlägt sie alle.

Roger Willemsens Lieblingsort auf der ganzen Welt war die Insel Eua. Gerade mal anderthalbtausend Kilometer von Aitutaki entfernt, für Pazifikverhältnisse also quasi nebenan. Von diesem Ort sagte er, es sei das idiotischste Klischee, dass es dort, wo es am weitesten weg ist, auch am schönsten ist. Daran muss ich denken, als ich das erste Mal Fuß auf Aitutaki setze. Und ich verstehe, was er meint.

Es gibt noch mehr idiotische Klischees, die so schön sind, dass man nicht auf sie verzichten kann – erst recht nicht am anderen

Ende der Welt. Dazu gehört der Blumenkranz, der uns zur Begrüßung von einer Frau um den Hals gelegt wird. Sie grinst uns an und stellt sich als Milla vor, die Inhaberin des einzigen Airbnbs Aitutakis. Auf dem Arm trägt sie ein Baby, und neben ihr stehen zwei kleine Mädchen im Alter von neun und elf Jahren, wie ich später erfahre. Ich werfe unsere Taschen hinten in Millas alten Jeep, der jeder TÜV-Prüfung spottend ins Gesicht lachen würde. Es ist nicht ganz klar, wo der rote Lack aufhört und der Rost beginnt – Claudia ist sofort in das Auto verliebt. Wir fahren zu einer kleinen Hütte direkt neben dem anderen Ende der Landebahn. Anfangs befürchte ich noch, es könne ein Problem sein, so nah am Flugplatz zu wohnen – aber es kommen täglich nicht mehr als zwei kleine Propellermaschinen an.

Unsere Hütte, in der wir wohnen, ist nicht groß, aber reicht uns vollkommen aus. Claudia und ich haben beide ein eigenes Zimmer, von dem jeweils eine gläserne Schiebetür nach draußen auf die Terrasse führt. Eine Tür auf der anderen Seite des Zimmers führt in den Flur, wo es ins Bad und die Toilette geht.

Direkt nebenan ist ein kleines Haus, in dem Milla mit ihren beiden Eltern und den drei Kindern wohnt. Ihre Töchter erzählen uns stolz, dass sie auf jede Palme auf der Insel klettern können, und wenn ich das lernen will, dann würden sie es mir zeigen. Ich will es lernen, ganz bestimmt. Millas Vater raunt uns zur Begrüßung nur zu. Er wird unseren gesamten Aufenthalt über kein einziges Wort mit uns sprechen, aber bietet meiner Mutter eine Zigarette nach der anderen an. Fast drei Stunden sitzen sie an diesem ersten Nachmittag auf der Veranda, schweigen sich an und rauchen. Claudia beschreibt es mir hinterher lachend als eines der besten Gespräche, die sie je geführt hat.

Eine Stunde später ist die Sonne untergegangen, und über uns erstreckt sich ein Sternenhimmel, wie ich ihn noch nie gesehen habe. Nun sitzen wir beide auf der kleinen Veranda.

»Endlich auf Aitutaki, huh?!«, sage ich.

»Endlich auf Aitutaki, Lukas. Ich kann es kaum fassen.« Auch Claudia blickt hinauf in den funkelnden Himmel. »Als ich damals Redakteurin beim Radio war, da war diese Insel einfach eine Meldung wie tausende. Nur so 'ne simple, unterhaltende Nachricht für die Pendler auf dem Weg zur Arbeit. Aitutaki hat jetzt eine Bürgermeisterin, meldete uns die Nachrichtenagentur. Noch ein Foto dabei mit dieser etwas älteren Frau, die man eher in einem Gottesdienst vermuten würde, Blumenkranz auf dem Kopf und hinter ihr ein traumhafter Strand.«

Die Geschichte höre ich zum hundertsten Mal, aber noch nie habe ich sie so genossen wie jetzt, an diesem Ort.

»Damals war das noch sehr ungewöhnlich, dass eine Frau in so ein Amt gewählt wurde. Darum war die mir immer auch ein Vorbild.« Sie schweigt einen Moment. »Nie hätte ich gedacht, dass ich mal herkomme. Das war außerhalb jeder Vorstellung. Eher treffe ich Jesus. Nicht, weil ich nicht wollte, sondern, weil ich das niemals hätte wagen können. Absolut nicht«, sagt sie kopfschüttelnd. »Und deshalb rührt mich das so sehr, Lukas. Als wir hier landeten und ich das Schild gesehen habe mit *Welcome to Aitutaki*. Das ging mir so nah. Da musste ich einfach heulen.«

»Ich bin so froh, dass wir endlich hier sind«, sage ich und bin nicht nur froh, meiner Mutter diesen Traum erfüllt zu haben, sondern auch, dass die Strapazen der tagelangen Anreise endlich hinter uns liegen. Ich brauche Urlaub. Auch wenn ich natürlich weiß, dass das hier kein Erholungsaufenthalt werden wird.

»Ich wäre nie alleine gereist. Das wäre nicht mehr gegangen.« Sie schüttelt den Kopf. »Ich hätte mich einfach nicht getraut. Nicht nur, weil ich feige bin, sondern krank. Aber jetzt sind wir hier. Du bist jetzt mit mir hier. Und das ist richtig gut.«

DIESE PERLEN VON MENSCHEN

Millas Kinder stehen frühmorgens auf und warten, wenn ich aufwache, schon vor meiner Tür auf mich. Menschen unter siebzig kommen wohl nicht so häufig nach Aitutaki, und sie sind aufgeregt, mal jemandem das Palmenklettern zeigen zu können. Es ist das ganze Jahr über warm hier – die Durchschnittstemperatur von 28 Grad verändert sich über die Monate hinweg gerade mal um ein Grad. Die meisten Locals auf Aitutaki sprechen einen Dialekt von Maori, der für die Cook Inseln spezifisch ist. Zusätzlich jedoch auch Englisch, weshalb ich mich problemlos mit den Kindern, der Familie und beinah allen auf Aitutaki verständigen kann. Die Mädchen erzählen mir Geschichten und zeigen mir die Schweine, die neben ihrem Haus leben. Eine große Sau, die sich den ganzen Tag von Kokosnüssen ernährt, und ein Blechverschlag, in dem ihre fünf Ferkel auf engem Raum liegen und den größten Teil des Tages schlafen. Eines der Ferkel ist deutlich kleiner als die anderen und kann deshalb nicht mit seinen Geschwistern im Gehege sein. Es wandert stattdessen frei um das Haus herum. Wenn wir uns hinhocken und mit den Fingern in seine Richtung schnipsen, dann kommt es tatsächlich auf uns zugelaufen, schnüffelt aufgeregt und wühlt seine schmutzige Schnauze in unsere Hand. Claudia ist entzückt und redet mit dem Schweinchen. Sie ist auf einem Schweinebauernhof aufgewachsen und hat Nächte mit ihnen im Stall verbracht. »Warum haben die Schweine in meiner Jugend sowas nicht erlebt? Wieso waren die immer eingekarrt in irgendwas? Guck nur, wie glücklich du bist«, sagt sie zu dem Ferkel, das vor uns über den Rasen schnüffelt.

Wir merken schnell, dass sich auf Aitutaki ein Tag anfühlt wie der andere. Man wacht auf, genießt das Paradies und sagt denselben paar Menschen, die immer zu lächeln scheinen, Hallo und Guten Tag. Hin und wieder ziehen Wolken am Himmel auf, ab und zu nieselt es, aber das stört uns nicht. Viel machen kann man auf Aitutaki sowieso nicht, deshalb gehen wir immer wieder ein Stück spazieren, laufen zickzack zwischen den Palmen entlang und versuchen, nicht von herabfallenden Kokosnüssen erschlagen zu werden. Claudia lacht, wenn ich das sage, und entgegnet, dass das doch gar nicht schlimm wäre – wenigstens ein Tod mit Image.

Ein Vorteil an Alzheimer ist, dass ich alle meine schlechten Witze jeden Tag neu zum Besten geben kann. Mein Ziel ist klar: Ich möchte Claudia am anderen Ende der Welt glücklich machen. Also baue ich ein hochgradig personalisiertes Comedyset zusammen mit Geschichten und versauten Anekdoten, die Claudia jeden Tag aufs Neue zum Grölen bringen. Wenn sie etwas nicht versteht oder nicht lustig findet, wird es am nächsten Tag aussortiert. Nach rund fünf Tagen Reise habe ich eine recht hohe Trefferquote, und Claudia hält sich den Bauch vor Lachen. Wir schlendern wie befreundete Teenager den Strand entlang, mit Bierflasche in der Hand, und diskutieren über allgemeine politische Themen oder lachen über alte Geschichten. Auch Claudia packt immer wieder dieselben Geschichten aus, aber sie kann noch immer so gut erzählen wie früher, und so bleiben die Anekdoten auch in der dritten Fassung sehr unterhaltsam. Das kleine Ferkel folgt uns manchmal über hunderte Meter den Strand entlang, bis es irgendwann genug von uns hat und zurück zum Haus hüpft.

Diese Insel scheint in vielen Dingen hervorragend zu sein, aber auf der kulinarischen Seite hat Aitutaki offensichtlich aufgegeben. Alles ist frittiert, sogar Lebensmittel, von denen man nie gedacht hätte, dass sie frittiert werden könnten. Als wir an unserem vierten Tag auf Aitutaki mittags in einem Strandlokal sitzen, grübelt Claudia wie an jedem der vorherigen Tage über der Karte und überlegt zehn Minuten lang, welchen Nachtisch sie gerne essen würde. Um es zu beschleunigen, lenke ich sie vorsichtig zu dem Nachtisch, von dem sie immer wieder aufs Neue begeistert ist. Ich glaube, es ist besser, wenn ich nicht sage, dass sie sich jeden Tag für das gleiche Dessert entscheidet.

»Ach, Lukas. Dem Greulich hätte das richtig gut gefallen hier«, sagt sie dann, nachdem sie ihre Bestellung aufgegeben hat, und lässt den Blick dabei über das Meer wandern. »Der ist schon vor so langer, langer Zeit gestorben, und trotzdem vergeht kein Tag, an dem ich ihn nicht vermisse. So ein wichtiger Mensch in meinem Leben«, sagt sie und nippt an ihrem Bier. »Man sagt, ein Mensch sei eigentlich erst tot, wenn keiner mehr an ihn denkt. Also – am dreißigsten Juli immer eine Kerze anzünden, ja? Nur um mal kurz zu grüßen.«

»Wie meinst du das?«, frage ich.

»Na, da hab ich Geburtstag, Alter!«, spottet Claudia zurück.

»Ja, das weiß ich. Aber warum sollte ich nur an deinem Geburtstag an dich denken?«

»Ach, nein, aber das mit der Kerze war so eine Tradition von Greulich. Meinem liebsten Freund. Der hat mir immer eine Kerze angezündet an meinem Geburtstag, und das fand ich immer eine wunderschöne Geste. Man braucht eigentlich niemandem etwas Großes schicken oder schenken. Einfach nur eine Kerze am Geburtstag reicht vollkommen. Von Greulich hätte ich nichts anderes haben wollen. Er war mir so ein wunderbarer väterlicher Freund. Ohne ihn wäre ich niemals Journalistin geworden und erst recht keine Autorin.«

Ich nicke zustimmend. »Er war auch der einzige Großvater, den ich je hatte. Zu meinen leiblichen Großeltern hatte ich ja nie eine tiefere Verbindung. Aber Greulich habe ich immer bewundert.«

»Ja, das war so ein Glück, dass ich ihn kennengelernt habe. In der Literatur gibt es solche Figuren oft, viel öfter als im wirklichen Leben – man nennt das den distanzierten Freund. Da ist immer ein wenig Luft dazwischen. Nicht verantwortlich, sondern freundlich, ermunternd, verstehst du?«

Greulich war Claudias Professor für Publizistik, als sie gerade mit ihrem Studium begann. Unter Journalisten nannte man sich damals nur beim Nachnamen. Mein Vater war »der Schreiber«, meine Mutter war »die Siebert«, und Greulich war »der Greulich«. Selbst später, als die beiden eine enge Freundschaft verband, nannte Claudia ihn nie beim Vornamen. Greulichs einzige Tochter war im selben Jahr geboren wie Claudia und hatte nur wenige Jahre, bevor die beiden sich kennenlernten, Selbstmord begangen. Ohne Vorankündigung hatte sie sich aus einem Fenster ihrer Universität gestürzt, direkt vor befreundete Studenten. Wochenlang hatten ihre Freunde versucht, Greulich und seine Frau zu erreichen, doch die beiden waren für viele Wochen verreist. Damals gab es keine Handys, und so dauerte es lange, bis ihn ein guter Freund seiner Tochter endlich an den Hörer bekam. Als Greulich nach Deutschland zurückkehrte, konnte er sich nur noch vor das Grab seiner Tochter stellen. Selbst die Beerdigung hatte er verpasst.

Ich vermute, dass das die Ebene war, auf der sich Claudia und Greulich begegnet sind. Er trauerte über die schmerzende Lücke, die seine Tochter hinterlassen hatte, und meine Mutter war auf der Suche nach einem liebenden, fürsorglichen Vater, den sie so nie hatte. Ineinander konnten beide diese Lücken füllen, die mit unheimlich viel Schmerz verbunden waren.

So viel Unterstützung wie von ihm hat Claudia nirgends sonst bekommen. Endlich ein Mensch, der ihr nah und liebevoll gegenüberstand. Lange Zeit war Greulich der Puls und das Zentrum von Claudias Leben gewesen, ein fleischgewordener Lichtstrahl, mit so tiefer Liebe und offener väterlicher Fürsorge, dass er beinah die versemmelte Kindheit hat ausbessern können.

Ich habe ihn nie unzufrieden gesehen. Jedes Bild, das ich in meiner Erinnerung von ihm habe, zeigt ihn lächelnd. Er war nie launisch, sehr empfindsam, häufig großzügig; ein Mann, den man schnell kennenlernte und dessen Charakter dennoch voller Überraschungen steckte. Die meiste Zeit brachte er damit zu, sich die Welt zu erklären und seine Wahrnehmung mit anderen zu teilen. Sein ganzes Leben war ein Leben der Ideen und der Liebe, er war entweder mit Reisen, Lesen oder Lachen beschäftigt. Und trotzdem konnte er ganz wundervoll empfindsam sein.

Greulich hatte viel zu erzählen, aber Claudia hat er vor allem zugehört. Hat sie sprechen lassen über alles, was sie bewegte. »Er hat mir eine ganz neue Art gezeigt, wie man lieben kann. Merk dir das:« Claudia hebt zur Unterstreichung den Zeigefinger. »Die schönste Art, jemanden zu lieben, ist einfach nur zuzuhören.«

Später, als Claudia als Journalistin arbeitete, hat sie bereits immer wieder davon gesprochen, dass sie gerne fiktiv schreiben möchte. Mein Vater arbeitete damals als Auslandskorrespondent und wollte unbedingt nach Russland, nur wenige Jahre nachdem die Sowjetunion gefallen war. Ich war gerade zwei Monate alt, als wir als Familie in ein noch völlig zerrüttetes Moskau zogen. Greulich hatte Claudia zuvor davon überzeugt, es nun endlich zu wagen, ihren Job zu kündigen und die Arbeit an ihrem ersten fiktionalen Text zu beginnen.

»Das war eine unfassbare Herausforderung«, erzählt Claudia nun. »Ich hatte eine sichere Kiste vorher. Ich war festangestellt als Journalistin – das hätte ich mein Leben lang weitermachen können. Aber ich musste mich das trauen. Ich musste das alles aufs Spiel setzen. Und das hätte ich ohne Greulich nicht geschafft.«

Fast dreißig Jahre nach diesem Umzug sind wir an einem Ort, der kaum unterschiedlicher zu Moskau sein könnte. Die türkisblaue Lagune erstreckt sich vor uns, und der winzige Strand, an dem wir sitzen, ist nur eine dünne Linie Sand. Schmal wie ein Fahrradweg, trennt er das Wasser vom dichten Palmengestrüpp. Als wir unseren Nachtisch verputzt haben, lehnt Claudia sich zufrieden in ihrem Stuhl zurück und fährt fort.

»Selbst heute bin ich noch stolz, dass ich mich getraut habe, einen Roman zu schreiben. Die ersten zwei Bücher waren erst mal

so ein Versuch. Moritz und du wart beide noch so klein, und wir waren ganz frisch nach Moskau gezogen. Du kannst nicht einfach so am Wochenende schreiben – das musst du richtig machen. Und da war es schon wieder der Greulich, der mir das ermöglicht hat. Habe ich dir von diesem wundervollen Satz erzählt, den er damals über meinen Text sagte?«
Natürlich hatte sie das. Schon häufig.
»Erzähl mir gerne davon. Das interessiert mich«, ermutige ich sie trotzdem.
»Ich hatte damals endlich meinen ersten Roman begonnen. Also habe ich Greulich einen Brief geschrieben. Nur dauerte das damals ewig. E-Mail war nicht so das Ding, das kannte noch keiner. Wenn man also einen Brief aus Moskau verschickte, dauerte das sehr, sehr lange. Wochen! Furchtbar. Ich schreibe ihm also einen Brief:

Lieber Greulich,
ich möchte also nun meine erste Geschichte schreiben.
Ich bin bereits dran und schicke dir hier mal dreißig Seiten.
Guck doch mal bitte, wie du das so findest.

»Einen Austausch wie diesen, über unsere Arbeit, hatten wir ständig, das war für uns ein ganz normaler Vorgang. Aber das war eben das erste Mal, dass ich fiktiv geschrieben hatte. Ich war wahnsinnig nervös. Wollte ihn natürlich auch beeindrucken und seine Anerkennung lag mir sehr am Herzen. Aber wieder dauerte der Postweg ewig. Bestimmt einen Monat, bis endlich eine Antwort kam.«
Mit einem Grinsen im Gesicht höre ich Claudia weiter zu, weil ich natürlich schon weiß, dass die Geschichte gleich zu ihrer Pointe kommen wird.

»Aber dann. Endlich! Ein Brief von ihm in der Post. Richtig aufgeregt habe ich ihn aufgerissen. Nun hat mein guter Freund, mein Ersatzvater und Mentor folgende Bemerkung zu meinem brillanten Text zu machen. Er schreibt: ›Wenn dieser Text ein Pferd wäre. Ich würde es erschießen‹«, Claudia prustet vor Lachen. »Ich dachte, ich lese nicht richtig! Der hatte mich vorher immer gelobt. Immer! Aber das hier war das Gegenteil. Er meinte, ich würde schreiben wie ›Lieschen Müller aus Grebenstein, die jetzt glaubt, sie müsste einen Roman schreiben‹. Da war ich vielleicht neben mir! Ich wusste, als ich das las, gar nicht, ob ich lachen oder heulen sollte«, Claudia lacht noch einmal laut auf und freut sich.

Auch wenn ich diese Geschichte wohl schon fast ein dutzend Mal gehört habe, kann ich nicht anders, als mitzulachen.

»Aber ich hab verstanden, was er damit meinte«, erklärt sie weiter. »Ich hab daraus viel gelernt. Er hat mir damit erklärt, dass ich erst mal herausfinden muss, wer ich bin. Und dann muss ich genau so schreiben. Eine andere Chance hat man nicht – man hat nur die eine Art. Man kann nicht so schreiben wie andere Leute, sondern nur wie man selbst. Was die anderen geschrieben haben, war deren Ding. Und das hier musste meins werden. Wenn ich mir da nur die ganze Zeit vorstelle, wie mein Roman klingen soll oder was andere davon halten sollen, dann kann es nicht gut werden. Das war so ein wichtiger Input für mich. Und wie herrlich und ehrlich er in seiner Kritik sein konnte«, sagt Claudia und prostet dem Mann hinter der Theke des Strandlokals zu. Mit einem Zug trinkt sie den Rest ihres Biers leer und zeigt lächelnd auf ihre leere Flasche. Der Barmann nickt freundlich, zwinkert ihr zu und bringt nur wenige Sekunden später eine volle Bierflasche an unseren Tisch.

Das waren Claudias erste fiktive Schreibversuche gewesen. Viele Manuskripte hat sie in den Jahren danach noch zu Greulich geschickt. Die ersten zwei Bücher waren noch nicht so gut. Die wurden zwar veröffentlicht, aber waren kein Erfolg. Und dann hat sie *Emmas Glück* geschrieben. Mit ihrer Arbeit als Autorin hat Claudia ihren Traum gelebt. »Ich hätte mich das fast gar nicht getraut, eigentlich. Also echt zu sagen: Jetzt schreibe ich einen Roman. Das waren immer andere Leute, die sowas machten. Und dann ich. So ein kleines Bauernmädchen aus Schachten. Da kannst du froh sein, wenn die Leute aus Schachten ein paar gerade Sätze schreiben können. Aber doch kein Buch. Also, das lag nicht in meiner Wiege, ganz sicher nicht.«

»Das Schwierige beim Schreiben«, so erklärt Claudia es häufig, »ist zu ertragen, dass es erst mal nicht gut klingt. Ein Buch kommt nicht einfach aus dem Kopf heraus. Das ist ein Prozess.« Das Wichtigste sei es, jeden Tag am Schreibtisch aufzutauchen und irgendwas zu Papier zu bringen. »Ein Buch braucht Rücken«, meinte Greulich immer, wenn Claudia mal nicht weitergekommen ist, und das hat sie verinnerlicht. »Du verzweifelst richtig, wenn die Seiten leer sind. Gerade der Anfang ist übel schwer. Also fängst du einfach irgendwo an. Das sind meist so Szenen, von denen du weißt, dass die irgendwo reingehören. Also schreibst du erst mal die. Dann hast du schon etwas, auf dem du aufbauen kannst. Du baust den Rücken. Der Rest schreibt sich dann viel leichter. Kein Mensch schreibt ein Buch und beginnt mit dem Anfang. Schreib ruhig kreuz und quer. Vorwärts, rückwärts. Scheißegal. Hauptsache, da steht was. Machen ist das Wichtigste. Erzählen können viele, aber den Sack zumachen. Das können die wenigsten.«

Die Idee für ihren Roman *Emmas Glück* hatte Claudia schon lange gehabt. Das Gerüst stand schon in Moskau. Aber um den *Sack zuzumachen*, musste sie sich so richtig in die Geschichte werfen. Und das ging nur in der Stille. »Die Emma habe ich erst viele Jahre später geschrieben«, erzählt sie nun, als auch ich ein neues Bier vor mir stehen habe. »Lange bin ich nicht weitergekommen, und irgendwann war mir klar, dass ich dafür meine Ruhe brauchte. Das war zu viel damals. Der Mann, die Kinder – ich hab mich einfach nicht richtig konzentrieren können. Eine Freundin hat mir ihr Ferienhaus in Italien angeboten – weg von der Familie. Das hat Peter gar nicht gefallen, und wir haben uns gut gezofft deswegen. Aber ich musste das machen, auch wenn er das scheiße fand. Später hat er mich wieder sehr beim Schreiben unterstützt – aber in dieser Zeit mit euch allein zu sein, das fand er super scheiße.« Claudia runzelt die Stirn, als direkt neben der Bar ein älterer Mann mit hörbar starkem amerikanischem Akzent in voller Bekleidung ins Meer spaziert. Er trägt einen grau-braunen Fischerhut, eine passende Cargohose und eine Weste. Das Wasser in Aitutaki wird nie richtig tief. Selbst wenn man eine Stelle findet, die tief genug ist, um zu schwimmen, kommt man schnell zu einer Sandbank, auf der man wieder stehen kann. Der Amerikaner geht schnurstracks in die Lagune, bis ihm das Wasser bis zur Brust steht. Er hält einen Selfie-Stick in der Hand und winkt zurück an den Strand. »Spinn ich … oder der da?«, fragt Claudia lachend und verdreht die Augen.

Emmas Glück erzählt die Geschichte einer einsamen Schweinebäuerin, die sich in einen Mann verliebt, der mit einem geklauten Jaguar in ihren Bauernhof kracht. Der Mann heißt Max, ist schwer krebskrank, hat nur noch wenige Monate zu leben und wollte sich eigentlich mit dem Autounfall das Leben nehmen. Noch bevor Claudia damals zum Schreiben nach Italien fuhr, hatte sie alle befreundeten Ärzte nach guten Krankheiten befragt: »Ich brauch 'ne schmerzhafte Krankheit, ganz sicher tödlich, aber man muss zwischendrin auch noch was machen können. Aber muss schon übel sein – ab und an starke Schmerzen wären ideal«, hatte sie gesagt. Diese Wortwahl war kein bisschen ungewöhnlich. Auf der Suche nach guten Geschichten war Claudia jedes Mittel recht. Unser Nachbar in dieser Zeit war unser Kinderarzt und hatte eine Antwort für sie:

»Bauchspeicheldrüsenkrebs! Das brauchst du!«

»Bauchspeicheldrüsenkrebs? Super! Klingt klasse! Genau das brauch ich.«

So findet man also eine gute Krankheit für seinen Protagonisten.

Den Aufhänger und einige Schlüsselszenen hatte Claudia schon in Moskau geschrieben. Einige dramatische Wendungen und witzige Missverständnisse nach Max' und Emmas erster Begegnung waren formuliert. Der Roman war an einem Punkt, an dem die beiden endlich zueinander gefunden hatten und eine Liebesnacht miteinander verbrachten – aber ein gutes Ende fehlte noch.

Um die Lücken des Romans zu füllen und vor allem das passende Ende zu finden, verabschiedete sich Claudia jedem Widerstand zum Trotz von Mann und Kindern und verzog sich auf einen einsamen Berg in Italien in ein ausrangiertes Gotteshaus. Drum herum nur ein paar verlassene Hügel. Nichts als ihr kleines Haus und eine verlassene Kapelle daneben – perfekt zum Schreiben. Claudia war dort völlig allein. Nur ein Panzer fuhr jeden Morgen an ihrem Haus vorbei, denn ein italienischer Militärübungsplatz verbarg sich zwei Hügel weiter. Noch heute erzählt sie lachend von den hübschen italienischen Soldaten, die oben auf dem Panzer saßen und Claudia jeden Morgen eine Handvoll Küsse zuwarfen. Sie winkte entzückt zurück und verzog sich dann in die Kapelle zum Schreiben.

Jeden Tag für zwei Monate saß sie dort. Bestimmt zehn Enden hatte sie irgendwann geschrieben, aber so richtig passte keines davon. Das Schreiben fiel ihr mit jedem Tag schwerer, und immer stärker lastete das schlechte Gewissen auf ihr. Sie saß in der völligen Stille der Kapelle und dachte daran, wie viel Überwindung es sie gekostet hatte, den Konflikt mit Peter auszuhalten und hierherzukommen. War es das wirklich wert gewesen? War sie egoistisch, ihre Familie in der Heimat alleingelassen zu haben?

Sie dachte an ihre Kindheit und wie sie manchmal zu den Schweinen in den Stall geflüchtet war, wenn es Streit gab. Viele Nächte hatte sie im Schweinestall verbracht und dort die Ruhe und Zuneigung gefunden, die es im Haus der Familie nicht gab. Die Schweine auf ihrem Hof hatten ein besseres Leben als bei den anderen Bauern. Und auf dem Hof von Claudias Eltern wurden die Schweine geschächtet. So nennt man das, wenn beim Schlachten die Halsunterseite des Schweins mit einem langen, dünnen Messer ohne Betäubung durchtrennt wird. Alle Blutgefäße und die Luft- und Speiseröhre werden mit einem Schnitt zerschnitten, und das Tier blutet sofort aus. Einerseits klingt das grausam, aber Claudia hatte oft das ohrenbetäubende, angsterfüllte Quieken der Schweine gehört, wenn sie auf dem Bauernhof der Nachbarn aus dem Stall gezerrt wurden, um dort mit einem Bolzenschuss getötet zu werden. Der Tod durch Schächten ging schnell, scheinbar schmerzlos, und vor allem hatten die Tiere nicht so eine furchtbare Angst. Und plötzlich fiel ihr ganz genau ein, wie sie das Buch beenden wollte.

Emma und Max hatten endlich zueinander gefunden und auf dem einsam gelegenen Hof geheiratet. Doch Max wird immer schwächer. Seine Schmerzattacken und Brechanfälle werden immer stärker. Erst kümmert sich Emma noch liebevoll um ihren todkranken Mann. Doch als seine Schmerzen zu stark werden, schächtet sie Max im gemeinsamen Einverständnis. Genau wie bei ihren Schweinen, denen sie einen schnellen und schmerzlosen Tod verspricht, schneidet Emma mit einem langen Messer seine Halsschlagader durch, und Max verblutet in ihrem Schoß.

In dieser Kapelle in völliger Einsamkeit zu sitzen und zu wissen, *zu spüren*, wie gut ihre Idee war – das war einer der wichtigsten Momente in Claudias Leben. Die Idee, wie sie *Emmas Glück* beenden wollte, kam dabei so plötzlich und so gewaltig, dass sie am ganzen Körper zitterte. Die Tränen flossen nur so ihr Gesicht hinunter, und sie begann laut zu weinen. Ganz allein. Voller Glück.

Als sie jetzt wieder einmal davon erzählt, sieht man immer noch in ihren Augen, wie sehr sie dieser Moment erschütterte. »Was man so erschaffen darf als Mensch. So ein Buch zu schreiben, das fühlt sich fast an wie Kinder kriegen. Du erschaffst etwas nur aus dir. Erfolg war gar nicht so wichtig. Erfolg ist kein Kriterium – es zählt eigentlich nur, ob es dir selbst gefällt.« Dann lacht sie laut auf. »Aber ich hab so wenig Geld damit verdient, das muss ich jetzt mal sagen. Das waren keine Einnahmen, das war Insolvenzverschleppung.«

Mit Mitte dreißig hatte Claudia sich endlich erlaubt, Autorin zu sein. »Ich hab Bücher geschrieben, die nur ich schreiben konnte. Genau wie Greulich gesagt hat – ich hab nur mich selbst gespürt, und so musste ich auch schreiben. Das verändert vollständig, wie du denkst und arbeitest. So viele Menschen warten und warten auf die richtige Idee. Aber du musst einfach zuhören und dann was draus machen. Die Ideen sind um dich herum. Manchmal haben Greulich und ich im Café gesessen und uns stundenlang angeschwiegen. Da haben wir einfach nur zugehört, was die Leute um uns herum so erzählen. Und dabei haben wir mitgeschrieben und uns anschließend Geschichten erzählt. Weißt du noch, das haben wir auch als Familie manchmal gemacht.«

Ich nicke. »Ohne Greulich wäre das alles nicht passiert. Wie viel Einfluss ein einzelner Mensch auf seine Umwelt haben kann. Das habe ich mir immer zum Vorbild genommen. Wirklich toll.«

Claudia versucht ihre Tränen zurückzuhalten und lächelt mich an. »Ich vermisse ihn jeden Tag«, sagt sie. »Kurz bevor er gestorben ist, habe ich ihn im Krankenhaus besucht. Da lag er vor mir, ganz erschöpft und müde. Der arme Greulich sah furchtbar aus: ausgelaugt, hohläugig, grabreif. Seine Haut war nur noch eine weiß-gelbliche Masse, die sich über seine Wangen spannte. Ein Zombie sieht lebendiger aus. Zu der Zeit hatte er schon starke Schmerzen.« Sie blickt in die Ferne und scheint für eine Weile völlig in ihrer Erinnerung versunken. »Ich streichle seine raue Hand und lehne mich dann über ihn, um seine Wange zu küssen. Er kann sich schon nicht mehr recht bewegen, also muss ich mich ein wenig aufstützen und liege mit meiner Brust schon richtig auf seiner. Und da blickt er mich an und flüstert: ›Landen wir doch noch im Bett.‹« Sie blickt mit strahlenden Augen wieder zu mir herüber. »Da musste ich so lachen. Mit so einer Haltung und so einem Witz in den Tod zu gehen, das braucht viel Kraft und Mut. Ich habe genau so einen Menschen gebraucht in meinem Leben. Weißt du, das sind Perlen von Menschen. Die wünsche ich dir auch. Das ist so selten. Man denkt immer: Ach ja, was soll's. Aber das ist das mit Abstand Wichtigste. Du bist, was du liebst. Hörst du! Ich wünschte, ich hätte das früher gewusst.«

EIN KUNSTWERK DES STERBENS

Schopenhauer sah den Hauptunterschied zwischen Jugend und Alter darin, dass die Jugend auf das Leben und das Alter auf den Tod blickt. Während die Jugend eine kurze Vergangenheit und eine lange Zukunft vor sich hat, ist es im Alter genau umgekehrt. Vielleicht sind wir im jüngeren Alter gar nicht in der Lage, wirklich in Tiefe über unsere Nicht-Existenz nachzudenken, wenn uns nicht die Umstände dazu zwingen. Daran denke ich, als ich mit Claudia auf einer Bank am anderen Ende der Welt sitze und ins Paradies blicke.

Den ganzen Tag haben wir damit verbracht, dass ich sie mit einem Roller über die Insel fahre. Aitutaki ist nicht besonders groß, deshalb sind diese Ausflüge nicht besonders lang. Ohne Ziel fahren wir mal links, mal rechts und schauen uns an, was uns so begegnet. Eine Bucht schöner als die andere. Große Bäume, die dicht nebeneinander über die kleine Straße wachsen und einen grünen Tunnel formen, der den Weg beinah ganz verdunkelt. Manche Häuser sind aus weißem Stein gebaut, andere sind nur ein paar Schiffscontainer, die aneinandergeschweißt wurden.

Selbst die größte Straße Aitutakis ist einspurig. Die abzweigenden Schotterwege zur Inselmitte markieren Schilder mit der Aufschrift *Tsunami Evacuation Road*. Als ich heute frühmorgens im Supermarkt Kippen für Claudia kaufte, habe ich mit einem älteren

Mann über diese Schilder und die scheinbar omnipräsente Gefahr gesprochen. Er wohnt schon sein Leben lang auf Aitutaki und erzählte lachend, wie froh er sei, im Paradies zu wohnen. Und daran könne auch eine drohende Welle nichts ändern. »Wäre nicht die erste. Und bestimmt nicht die letzte«, meint er nur.

Claudia möchte wissen, wie die Bundesligaspiele ausgegangen sind, und wir halten an einem kleinen Café. Auf dem Fernseher gegenüber des Tresens läuft nur Rugby, aber der nette Barmann flirtet mit meiner Mutter und sucht auf seinem Computer die Spielergebnisse für sie heraus. Grölend erzählt sie ihm, was für eine Enttäuschung ihre beiden Söhne seien. Sie selbst sei ein großer Fußballfan und hat zwei Jungs, die sich absolut nicht für den Sport interessieren und selbst bei den Regeln ihre Unsicherheiten haben. Beide lachen laut. Claudia legt den Arm um mich, ich kaufe uns noch eine Flasche Wasser, und wir verabschieden uns dankend, bevor wir uns zurück auf den Roller schwingen.

Claudia kann nicht mehr selbst fahren, deshalb haben wir nur einen Roller gemietet, und ich packe sie hinten bei mir drauf. Zuerst hatte ich mir dazu viele Gedanken gemacht und Sorge gehabt, ich könnte womöglich einen Unfall bauen. Mein Leben lang war Claudia eine sehr schreckhafte Beifahrerin gewesen. Wenn ich zu Hause mit dem Auto fuhr, zuckte sie ständig vor Schreck zusammen. Also habe ich meistens sie fahren lassen. Doch hier auf Aitutaki sitzt sie völlig entspannt auf dem Roller. Ihr Griff an meine Hüfte ist ganz leicht, teilweise lehnt sie sich weit in die Kurven, legt den Kopf auf meine Schulter und lächelt in den Fahrtwind. Als wir an der Südseite der Insel auf einer Bank eine Pause machen, damit sie rauchen kann, frage ich sie danach, warum das plötzlich so anders ist. Sie überlegt kurz und sagt dann, dass die

Gewissheit, dass es vorbeigeht, auch eine große Ruhe mit sich bringen kann.

Beinahe jeden Tag sprechen wir über den Tod. Claudia redet häufig vom Sterben, und das kam nicht erst mit der Krankheit. Ich kenne das von ihr. Ich war vielleicht fünfzehn, als Claudia eines Tages beim Abendessen stolz verkündete, dass sie ein Exemplar eines Buches bekommen habe, das sofort nach Veröffentlichung auf den Index gesetzt und vom Markt genommen worden war. Nur über gute Kontakte zu Buchhandlungen hatte sie noch ein Exemplar bekommen. In dem Buch ging es um Suizid. Da wurde sehr genau erklärt, wie man sich auf die schmerzloseste Art umbringen könne.»War gar nicht leicht, da ranzukommen«, sagte sie damals zufrieden und wedelte mit dem kleinen roten Taschenbuch über ihrem Kopf. Und auch wenn dieses Thema schon damals präsent war, ist es doch heute anders.

»Gibt es den guten Tod?«, fragt Claudia. Sie zieht noch einmal an ihrer Zigarette, reibt die Glut an der Bank aus und schiebt den Stummel in die Zigarettenpackung. Fünfzehn Jahre hatte Claudia aufgehört zu rauchen, aber mit der Diagnose wieder angefangen, weil es ihr »einfach unheimlich viel Spaß macht«, wie sie sagte. Auch so verändern sich Dinge anscheinend, wenn man weiß, dass es vorbeigeht. Sie hat jetzt zwangsläufig eine Idee davon, wie ihr Tod aussehen wird, und kein Interesse daran, für eine Zukunft zu planen, die es nicht geben wird. Endlich rauchen ohne schlechtes Gewissen – ich kann es verstehen.

Sie nimmt zwei neue Zigaretten aus der Packung und steckt sich sofort eine an. Die andere Zigarette hält sie mir vors Gesicht. Eigentlich rauche ich nicht, aber ich kann der kitschigen Verlockung nicht widerstehen, mit meiner Mutter im Paradies eine Kippe zu teilen, und deshalb nehme ich an. Ich sollte es besser wissen, kann ich doch durchaus noch für meine Zukunft planen.

»Also? Der gute Tod?«, fragt sie erneut.

Ich bin gerade mal achtundzwanzig Jahre alt, habe keinen Schimmer vom Leben – was soll ich da vom Tod verstehen? Ich zünde mir die Zigarette an, atme ein und paffe in die Palmen.

»Ich wünschte, ich wüsste es. Aber alle, die es geschafft haben, sind tot«, sage ich und blicke zu ihr hinüber. »Wenn es den guten Tod gibt, dann ist er vermutlich selten.«

»Selbst die Literatur kann nur ahnen«, meint Claudia zustimmend. »Die Frommen glauben es zu wissen. Schönes Paradies und so.«

Aber daran kann sie nicht mehr so recht glauben. Ich auch nicht.

Das fantastische Leben meiner Mutter schreibt sein letztes Kapitel, und ich verzweifle daran zu begreifen, was es wirklich bedeutet, von einem Menschen, den ich so liebe, Abschied zu nehmen, obwohl doch genau dieser Mensch atmend neben mir sitzt.

Tagein, tagaus verbringe ich mein Leben, als wäre ich unsterblich. Hier und da stirbt mal ein Haustier oder ein Verwandter, den man kaum kannte – da denke ich kurz an die Vergänglichkeit des Lebens. Doch kaum bekomme ich die Chance, meinen Blick davon abzuwenden, kehre ich zu der Illusion meiner eigenen Unsterblichkeit zurück.

Der Tod ist mir zu abstrakt – etwas technisch Gegebenes, aber eigentlich unvorstellbar.

Doch nun habe ich keine Chance mehr, den Gedanken an den Tod zu entkommen. Und ich merke: Ich habe Angst davor. Scheinbar bin ich allein damit. Ständig rede ich mit Menschen darüber, und allen fällt eine pseudointellektuelle Antwort über den Unterschied zwischen Tod und Sterben ein. Oder eine Aussage über den Wert von Dingen, der erst durch die Vergänglichkeit entsteht. Der Tod sei fester Bestandteil des Lebens, und die Vergänglichkeit mache die Dinge wertvoll. Nur in den seltensten Fällen sagt mir jemand die Wahrheit.

Sterben ist nicht schön. Wir machen uns etwas vor, wenn wir das glauben. Fast immer ist der Tod wahnsinnig harte Arbeit, vielleicht eine der härtesten Aufgaben, der wir uns je stellen müssen. Wenn ich Claudia dabei sehe, wie sie versucht zu begreifen, dass alle ihre großen Pläne nunmehr Ideen bleiben werden, dann tut das weh. Ihre Krankheit und die täglichen Gespräche über das Sterben haben dem fremden Tod ein Gesicht gegeben. Als hätte ich erst jetzt wirklich begriffen, dass auch ICH sterben werde. Natürlich wusste ich, dass ich sterben würde – aber in meinen Vorstellungen war das immer jemand anderes. In meinen Gedanken habe ich einen alten Mann gesehen, umgeben von ihn liebenden Menschen. Aber nie habe ich begriffen, dass *ich* eben dieser alte Mann sein würde.

Wir sind das Ergebnis einer kosmischen Lotterie, einer dankbaren Genvariation als Resultat unwahrscheinlicher Begegnungen – das Produkt eines bedeutungslosen Zufalls. Tatsächlich ist unsere Existenz so unwahrscheinlich, dass der französische Mathematiker Émile Borel sie *a priori* ausgeschlossen hatte. Schließlich mussten dafür unzählige Generationen stets genau *den* Nachkommen hervorbringen, der als Vorfahr letztlich unsere eigene Existenz ermöglichen würde. Die Wahrscheinlichkeit, dass das passiert, ist schwindelerregend gering – und doch sind wir hier. Und doch sitze ich mit Claudia am anderen der Welt und spreche über den Tod. Trotzdem passiert das Leben uns allen und jeder Person, die wir je gekannt haben, kennen werden oder könnten. Alle Projekte, Werte, Beziehungen oder Streitereien scheinen uns so wahnsinnig wichtig, aber das Universum interessiert es kein Stück. Ein irrsinnig kurzes Leben, um unsere Pläne fein säuberlich und sorgfältig auszuarbeiten, nur damit sie durch einen weiteren Zufall umgestoßen werden.

Wie absurd.

»Ich bin nicht lebensmüde«, sagt Claudia dann, während wir beide aufs Meer und den weit dahinterliegenden Horizont starren.

»Ich weiß«, antworte ich.

»Ich liebe das Leben. Aber mir wurde das Heft des Handelns aus der Hand gerissen. Da wartet eine Zukunft auf mich, die ich nicht ertragen kann. Eine Existenz, in der ich nicht mehr agieren kann. Das kann ich mir einfach nicht vorstellen.« Sie blickt nun mich an, geradezu hilfesuchend. »Mein Lebtag hab ich gedacht und war immer sehr glücklich damit. Ein Bauernmädchen, das ich war, brauchte eigentlich nicht viel. Ich hätte einfach da in Nordhessen bleiben und weiter Erdbeeren anpflanzen können. Aber ich fand es viel schöner zu denken. Das war das wirklich Innovative für mich, dass ich mich ganz allein aus dieser Familie rausgeholt habe, nur um zu denken. Meine Eltern hatten auch viel zu denken, keine Frage. Die waren auch sehr clever und gute Geschäftsleute – aber sie waren nicht besonders gebildet. Und diese Bildung habe ich wahnsinnig genossen. Aber jetzt zu wissen, dass ich eine Krankheit habe, bei der ich das alles verliere. All das, was mir wirklich wichtig ist. Dann ist die Frage doch – was bedeutet Leben? Ist das noch Leben, wenn ich einfach nur irgendwo in einem Heim ende und schauen muss, dass mir jemand das Essen vorsetzt, das ich nicht mal mag? Oder was mache ich, wenn mir jemand etwas Böses will und ich mich nicht wehren kann? Das ist doch eine Zukunft, die grauenhaft ist. Einfach blöd zu werden und nur noch da zu sein, um zu essen und zu scheißen. Das kann doch nicht mein Ende sein! Das kann doch nicht mein Leben werden! Aber scheinbar hab ich gar keine andere Wahl.«

Wie schwer es sein muss zu wissen, dass man stirbt, denke ich. Was für eine Herausforderung, dann auch noch den richtigen Umgang damit zu finden und Haltung zu bewahren.

Im September 2021 ist die kanadische Comedylegende Norm MacDonald im Alter von 61 Jahren an Krebs verstorben. Neun Jahre lang hatte er seine Erkrankung vor der Öffentlichkeit und sogar vor seiner Familie geheim gehalten. Als ich davon hörte, konnte ich gar nicht fassen, dass jemand so etwas tut. Diese Reise völlig alleine anzutreten. Der Mut, der dazu gehört, ist mir unbegreiflich. Oder ist es nichts als Verzweiflung? Ein letzter Akt der Todesleugnung, sogar vor der eigenen Familie? Hat er es nicht ertragen können, den Schmerz in den Augen seiner Kinder zu sehen? Vielleicht hätten die sich gewünscht, noch die Chance auf ein letztes Gespräch zu haben. Ich kann mir vorstellen, dass er anders in Erinnerung bleiben wollte, auch in der Erinnerung seiner Familie. Und das Eingeständnis der eigenen Krankheit hätte diese Erinnerung vermutlich verändert.

Einige Jahre vor seinem Tod hatte MacDonald in einem Podcast darüber gesprochen, warum er nie über sein eigenes Sterben öffentlich reden würde. Zu diesem Zeitpunkt war niemandem klar, dass er bereits schwer krank war. Ihm erscheine es als der Zenit des Narzissmus, sich durch das Reden über das eigene Sterben in den Mittelpunkt zu drängen und so Sympathien zu erheischen, sagte er damals. Sein Vorbild sei der amerikanische Schauspieler Richard Farnsworth. Der war schwer an Krebs erkrankt und hatte seine Krankheit vor allen geheim gehalten. Für seinen letzten Film war Farnsworth für einen Oskar nominiert, den er sicherlich gewonnen hätte – hätte er nur offengelegt, dass es sein letzter sein würde. Er entschied sich stattdessen für den sogenannten *Stuntman's Death* – er schrieb seiner Familie einen Abschiedsbrief, steckte sich eine Schrotflinte in den Mund und drückte mit dem Zeh den Abzug. Das war es, was für Norm echten Mut ausmachte. Allein durch das Feuer zu gehen. Zu verstehen, dass uns alle eine panische Angst vor dem Tod verbindet, und sich dennoch dieser Angst zu stellen.

Ich verstehe, was er sich dabei gedacht haben muss, aber ich glaube nicht, dass wir diesen Schritt notwendigerweise alleine gehen sollten. Es gibt viele Arten zu sterben. Und auch wenn der eigene Tod nur uns selbst gehört, kann es sich lohnen, das Sterben als Erfahrung dennoch zu teilen.

Claudia ist keine alte Frau. Sie ist gerade mal Anfang sechzig, genauso alt wie Norm MacDonald, als er starb. Es dauert kein Augenzwinkern, bis ich genauso alt sein werde – wenn ich überhaupt so viel Glück habe. Und wenn es so weit ist, werde ich mich vermutlich dennoch zu jung für mein Alter fühlen und denken, ich hätte die ganze Zukunft für mich. Den Tod habe ich immer nur schemenhaft wahrgenommen, als etwas, das zwar möglich wäre, aber eigentlich nicht passiert. Dabei habe ich völlig verdrängt, dass kaum jemand einen romantischen Tod bekommt. Kaum jemand eines Tages ohne Schmerzen oder Vorankündigung im späten Alter einfach friedlich einschläft. Ich habe mir etwas vorgemacht. Der hedonistische Anschlag, man solle jedes Jahr seines Lebens so leben, als wäre es das letzte, ist skurril. Niemand möchte das letzte Jahr seines Lebens leben.

Ich schließe die Augen vor dem grellen Blau des Südseehimmels und stelle mir mein eigenes Ende vor. Ich sehe mich alt und schwach. Die Gelenke machen nicht mehr so mit wie früher. Vielleicht atme ich bereits aus einer Sauerstoffflasche oder gehe jeden zweiten Tag ins Krankenhaus für eine dreistündige Dialyse. Alleine kann ich das nicht schaffen, und Spaß macht das erst recht nicht. Mit einem lebenswerten Dasein ist das kaum zu vereinbaren. Meine Familie ist überfordert und bringt mich in ein Pflegeheim. Gefallen wird mir das nicht, aber es scheint wie eine vernünftige Idee. Alle sagen, wie gut es mir dort gehen wird, und manchmal läuft es ja auch gut, also lasse ich mich darauf ein, als ob ich eine Wahl hätte. Es zieht Nebel auf.

Ich werde bettlägerig, kann nicht mehr gehen oder mich umdrehen. Vollständig abhängig von anderen bin ich entweder allein oder umgeben von Pflegekräften, die mich mehrfach am Tag umdrehen müssen, damit ich keine Druckgeschwüre bekomme. Aber ganz zu vermeiden sind die trotzdem nicht, und ich bekomme schmerzhafte Wunden, die nie wieder heilen werden. Meine Arme und Beine haben keine Aufgabe mehr, und wenn ich Pech habe, müssen sie mir wegen einer Gefäßerkrankung amputiert werden. Eines Tages werde ich inkontinent und stehe vor der Entscheidung, ob ich jeden Morgen in meinem eigenen Urin sitzen möchte oder mir einfach einen Katheter legen lasse. An diesem Punkt ist der Schritt zur künstlichen Ernährung nicht mehr weit, und jede Notwendigkeit geht verloren, dass ich mich bewege oder auf irgendeine Art und Weise Einfluss auf meine Existenz nehme.

Ungefähr hier verabschiedet sich zunehmend mein Verstand und ebbt ab in einen Bereich der Irrelevanz. Ich werde vergesslich – so vergesslich, dass ich nicht verstehe, was passiert oder wo ich bin. Mein Name wird mir fremder, ich erkenne mich nicht mehr im Spiegel, vielleicht vergesse ich das Konzept von Namen, Orten oder Spiegeln. Jede Sekunde finde ich mich an einem fremden Ort wieder, an dem große Nadeln in mich gestochen werden oder Schläuche in alle möglichen Öffnungen gesteckt werden. Natürlich fange ich an zu schreien, schlage um mich und versuche die Schläuche herauszuziehen. Wenn sich das Problem nicht von alleine löst, müssen die Ärzte mich an das Bett fesseln oder schlichtweg mit Medikamenten ruhigstellen.

Der Nebel meiner Existenz wird dichter.

Ein zerzauster Hund jagt plötzlich bellend ein Huhn um die Palmen, bis das Huhn sich mit ein paar Flügelschlägen auf das Dach einer kleinen Hütte rettet. Während das Huhn ihn gackernd verspottet, tappst der Hund enttäuscht davon. Claudia bleibt ruhig und uninteressiert inmitten all des Trubels, hält die Augen geschlossen und hebt den Kopf weiter wie eine Sonnenblume ins Licht. Ein Sonnenstrahl streichelt ihr über den Kopf, und der Wind spielt mit ihren Haaren, als sei er ein zärtlicher Geliebter. Ich höre das Rauschen der Wellen und zwinge mich, die Augen wieder zu schließen. Zwinge mich zurück in die Vorstellung davon, wie mein eigenes Sterben aussehen kann.

Irgendwann spricht ein Arzt mit meiner Familie und weist vorsichtig darauf hin, dass es an der Zeit sein könnte, die Maschinen abzustellen und mich mit Schmerzmitteln zu begleiten, bis ich friedlich einschlafe. Meine Familie jagt ihn zum Teufel. »Was fällt diesem Vollidioten überhaupt ein? Das ist doch ein Zeichen purer Faulheit, nur um sich das bisschen Arbeit zu ersparen.« Sie verlangen, dass etwas gefunden wird, um mir zu helfen. Eine komplizierte Operation, eine neue Pille oder eine vielversprechende Studie, die mich noch ein paar Wochen am Leben hält. Aber es wird mir damit nicht besser gehen. Die Ärzte verlängern mein Leben, bis es selbst zur Krankheit wird. Jede neue Maßnahme ist nur noch eine geldfressende Form meiner Familie, ihre Fürsorge zu zeigen. Zu diesem Zeitpunkt bekomme ich davon schon lange nichts mehr mit. Sie tun das nur noch für sich selbst. Ein Gang durch egal welches Krankenhaus genügt, um zu sehen, dass das kein lebenswerter Zustand mehr ist.

Ich bin kein Arzt, aber ich weiß, wie ich nicht sterben möchte. Dennoch, jeden Tag treffen die Ärzte ein weiteres Mal auf meine Familie und führen dieselbe Diskussion. Mein Zustand verschlechtert sich so lange, bis wirklich jeder verstanden hat, dass es besser wäre, mich endlich gehen zu lassen. Meine Familie willigt ein, mich auf die Palliativstation zu verlegen. Aber bis ich sterbe, kann es noch lange dauern.

Das Leben fühlt sich in der Krankheit so fragil an, aber das ist es nicht. Unser Körper hat eine Aufgabe zur höchsten Priorität befohlen, und die lautet, unter allen Umständen am Leben zu bleiben. Es dauert und dauert, bis mein Herz wirklich aufgibt, bis die Lungen sich mit Wasser füllen, meine Atmung aussetzt und sich ausreichend Giftstoffe angesammelt haben. Es ist der natürliche

Lauf der Dinge, dass Patienten bis zum bitteren Ende von ihrem Körper am Leben gehalten werden.

Vor Jahrzehnten hat mein Herz eines Tages begonnen zu schlagen und nicht mehr damit aufgehört. Tagein, tagaus schlug es vor sich hin. Und dann bleibt es in einem bestimmten Moment plötzlich stehen – für immer. Alle Prozesse des Körpers hören ein für alle Mal auf, das Blut zirkuliert nicht mehr und gibt sich der Gravitation hin. Es fließt zum tiefsten Punkt des Körpers und sammelt sich in einer Lache, die von außen als dunkler, weicher Fleck erkennbar ist. In dem Moment, in dem das Leben meinen Körper verlässt, gehört er nur noch dem Tod. Mein Körper wird erst kälter und dann steif und hart. Viel Romantik gibt es dann nicht mehr. Meine Eingeweide laufen aus, man buddelt mich ein, und mein Leben ist vorbei.

Wenn alles normal läuft, dann können wir Jahrzehnte verbringen, ohne jemals an den eigenen Tod denken zu müssen. Für die längste Zeit habe ich die Angst vor dem Tod verdrängt, ihn als Fußnote notiert, aber ignoriert. Und ich glaube, so geht es den meisten in meinem Alter. Vielleicht muss es die Krankheit oder der Tod unserer Eltern sein, der uns zeigt, was es bedeutet zu leben. Und im Umkehrschluss eben auch, was es heißt zu sterben. Vielleicht ist es der letzte Teil meiner Erziehung – ein letztes Geschenk, das unsere Eltern uns mit auf den Weg geben. Dass wenn sie selbst sterben, ihre Kinder endlich den Glauben finden zu leben.

Die Angst vor dem Tod ist zweifellos auch biologisch bedingt und daher zu einem gewissen Grad unvermeidlich. Kein Wunder, dass wir immer wieder mit diesem Zustand hadern. Es liegt in unserer

Natur, den Tod zu meiden, aber passieren wird es uns allen. Und wenn ich meine Mutter liebe, dann verpflichte ich mich, sie in all diesen Aspekten ihrer Krankheit zu begleiten. Sie muss das nicht mit sich allein ausmachen. Ich werde alle Gespräche mit bescheuerten Ärzten, Bestattern und verrückten Angehörigen führen. Ich werde ihre Leiche sehen und eines Tages begraben. Alzheimer hat diese Pflicht von einem Tag auf den anderen in mein Leben gebracht. Meine Mutter, ihre Anwesenheit und ihre Weisheit werden zunehmend verschwinden und dann ganz sterben – wir Übrigen müssen danach einfach weiterleben, so lang und intensiv es geht.

Ich für meinen Teil bin auch ein Stück weit froh, sie auf diesem Weg zu begleiten und nicht wie MacDonalds Familie völlig im Dunklen darüber zu bleiben.

Claudia beschreibt ihr Leben nun manchmal als ein Kunstwerk des Sterbens. Die Szenen ihres Lebens sind wie ein Ölgemälde, das wir aus der Ferne betrachten müssen, um die Schönheit zu erkennen. Manchmal aus sehr weiter Ferne. Zum Beispiel vom anderen Ende der Welt.

Claudia senkt nach einer gefühlten Ewigkeit wieder den Kopf und öffnet langsam die Augen. Sie deutet mit dem Finger direkt auf die tosende Barriere weit draußen. Es scheint wie der Rand der Welt eines winzigen Planeten, der nur aus Aitutaki besteht. Dort hinten brechen die großen Wellen des Pazifiks, es endet die ruhige Lagune und beginnt der endlose Pazifik.»Ich könnte es für uns alle einfach machen. Ich könnte so weit wie möglich hinausschwimmen, bis ich nicht mehr kann. Einfach immer geradeaus schwimmen, bis ich vollkommen erschöpft bin«, sagt sie.

»Das könntest du«, antworte ich trocken.

Sie kneift die Augen zusammen, als würde sie nach einem Weg durch die flachen Sandbänke bis zu dieser Barriere suchen. »Ich glaube, ich würde einfach stranden wie ein unglücklicher Wal. Ich glaube nicht einmal, dass ich es bis dorthin schaffe, ohne einen schönen Platz zum Ausruhen zu finden. Das ist doch kein Ort, sich umzubringen«, lacht sie.

Ich lächle mit, aber mir fehlt die Energie, noch weiter auf ihren Sterbewunsch einzugehen.

»Wie wahnsinnig das ist, oder?«, sagt sie dann vorsichtig. »Wir werden in die Welt geschmissen und haben keine Ahnung, warum. Aber raus ist schwer – raus ist echt übel schwer.«

Dann schweigt sie, blickt auf das Wasser und sagt: »Vielleicht ist der Tod so wie jetzt, guck mal: plätschernd, schön, ein großer Raum, draußen, ganz sicher, schöne Palmen – da stellt ja keiner 'ne Buche hin oder so!«

KRIEG UND FICKEN

»Es gibt zwei Arten von Autoren«, sagt Claudia auf einem unserer Spaziergänge entlang der mordlustigen Kokosnusspalmen. Wir sind inzwischen eineinhalb Wochen hier, und unsere Tage unterscheiden sich noch immer kaum. Jeder Tag geht fließend in den nächsten über wie Pinselstriche auf einer Leinwand. Es gibt buchstäblich nichts zu tun, weil es hier nichts gibt. Die Menschen lächeln nur, genießen das schöne Wetter und spielen Rugby.

Ich wache morgens früh auf, doch Claudia ist fast immer schon vor mir wach und raucht auf der kleinen Veranda direkt vor meinem Fenster. Wenn ich rauskomme, grinst sie mich an und schwenkt ihre Hand in einer großen Geste vor sich, als ob ich nicht bemerkt hätte, wo wir uns befinden. Einige Minuten später fragt sie mich dann, ob ich ihre Zahnbürste gesehen habe, die sie jeden Tag verliert. Entweder kaufe ich ihr im Laden im Dorf eine neue oder ich mache mich auf die Suche und finde sie irgendwo in ihrem Zimmer, in ihren Taschen oder im Badezimmer. Anschließend brechen wir Tag für Tag zu einem unserer ausgiebigen Morgenspaziergänge auf, die früher oder später in einem Frühstück in einem der kleinen Strandlokale enden. Auch unsere Gespräche wiederholen sich, aber immer wieder kommt daraus auch ein neuer Gedanke hervor, der mich dankbar macht für diese Momente, die sich so ähnlich und doch alle einzeln so wertvoll sind. Momente und Gespräche, von denen ich weiß, dass sie mich noch begleiten werden, wenn wir längst nicht mehr auf dieser Insel sind.

Claudia bleibt stehen, beugt sich zu einer im Sand liegenden Kokosnuss herab und blickt zu mir auf. »Manche Autoren schreiben für das Geld und den Ruhm. Und andere, meine Lieblinge, die schreiben, weil sie es keine weitere Sekunde ertragen, ein bestimmtes Thema nicht zu beschreiben. Interessanterweise erkennst du ganz schnell, zu welcher Sorte ein Autor oder eine Autorin gehört. Nichts ist leichter, als so zu schreiben, dass niemand ein Wort versteht. Es ist gar nicht so schwer, besonders eloquent zu wirken. Viele schmeißen mit einem Waffenarsenal von Fremdwörtern um sich. Und wenn du die Leser an den Punkt gebracht hast, an dem sie Wörter nachschlagen müssen, hast du gewonnen.« Claudia steht aus der Hocke auf, stemmt die Hände in die Hüfte und schaut ins Leere. »Das war nie mein Ding«, sagt sie dann kopfschüttelnd. »Wenn du etwas so richtig gut verstehen willst, dann musst du es ganz einfach beschreiben können. Wenn man etwas zu sagen hat, dann braucht man keine verwickelten Phrasen und rätselhaften Anspielungen, um zu verpacken, was niemand begreift. Aber sich auf einfache, klare und beinah naive Weise auszudrücken – da gehört Mut dazu. Überhaupt irgendwas Kreatives zu machen kostet Mut. Man könnte ja missverstanden werden, oder Leute nageln einen darauf fest, was man vor Jahren geschrieben hat. Aber missverstanden wirst du sowieso – wurden sie alle. Und das ist doch das Tolle! Wer schreibt, hat den Mut, missverstanden zu werden. Wer hat das nochmal gesagt? Weiß ich wieder nicht ...« Sie hält sich die Hand an die Stirn und starrt in den Sand, buddelt in ihren Gedanken, als würde sie eine Sandburg bauen. Nach ein paar Sekunden schüttelt sie den Kopf und atmet erschöpft aus.

»Aber irgendwo müssen die Ideen ja auch herkommen. Es denken nicht alle wie du«, sage ich.

Claudia lächelt mich an. »Du denkst viel nach. Ich kenn das doch von dir«, sagt sie.

»Kann schon sein«, antworte ich. »Manchmal denk ich vielleicht zu viel nach. Dann verlier ich mich in meinen Gedanken und find nicht mehr zurück.«

»Das fühlt sich zwar nicht so an, aber glaub mir, das ist etwas Gutes. Geh ruhig ein wenig verloren, und dann findest du deinen Weg in Geschichten wieder zurück. Greulich meinte das immer zu mir. Wenn du zu viel denkst, schreib. Und wenn du zu wenig denkst, lies.«

Claudia setzt sich in den Sand und lehnt sich in das helle Sonnenlicht, das durch das dicke Palmengeflecht kriecht. Ihre Hände verschränkt sie auf eine beinah merkelhafte Art vor der Hüfte und hebt ihr Kinn weit nach oben zur Sonne. Sie atmet tief ein, als ob mit jedem Atemzug ein Teil dieses Paradieses bei ihr bleiben würde. Ich sage nichts, sie sagt nichts, und so bleiben wir eine ganze Weile lang still sitzen.

Etwa hundert tiefe Atemzüge später blinzelt sie zu mir hinüber.

»Geschichten muss man teilen«, sagt Claudia. »Ich wünschte einfach, ich hätte mehr von diesen kleinen Geschichten geteilt. Greulich hat so viele tolle Geschichten erzählt. Manchmal nur einen Absatz, drei Wörter auf einem ranzigen Post-it – andere Male die schönsten Briefe, die ich je gelesen habe. Da waren noch so viele tolle Geschichten …«, sie schluckt fest und macht dann eine wegwerfende Handbewegung. »Ach, das ist jetzt eh hinüber.

So 'ne Scheiße. Aber wenn du Menschen hast, die du magst, dann teil unbedingt Geschichten mit ihnen, hörst du? Egal wie bescheuert dir das vorkommt. Es gibt fast nichts Schöneres – Geschichten sind zum Teilen da. Dafür sind wir hier.«

Solange ich mich erinnern kann, wurden in unserer Familie Geschichten erzählt. Die ersten Jahre meines Lebens, die wir in Moskau verbracht hatten, waren wir beinah allein. Die Winter waren ereignislos, und um uns herum sprach niemand Deutsch und kaum jemand Englisch. So blieb uns als Familie kaum etwas anderes übrig, als wilde Geschichten zu erzählen, die den trostlosen, grauen, kalten Alltag ein Stück weit farbenfroher machten.

Als ich in der vierten Klasse war, lebten wir schon wieder in Deutschland, und die Leiterin der Nachmittagsbetreuung meiner Schule lud meine Mutter vor, um *ein ernstes Wort* mit ihr zu sprechen. Und ich solle doch bitte mitkommen. Claudia und ich saßen vor vier Damen, die ihr erklärten, dass es so mit mir nicht weitergehen könne. Ich hatte allen Kindern und Erzieherinnen so viele Lügengeschichten erzählt, das würde nur Unruhe in die Gruppe bringen. Ich hatte erzählt, mein Vater sei gut mit Helmut Kohl befreundet, und deshalb käme der auch regelmäßig zum Abendessen vorbei. Außerdem sei ein Freund von mir verstorben, weil er zu lange hinter einem Bus gestanden und die Abgase eingeatmet hatte. Und dann hatte ich auch noch erzählt, dass wir in Moskau gelebt hätten – damit hatte ich den Vogel abgeschossen. Das war eine der wenigen Wahrheiten, die ich damals von mir gab, aber das glaubte mir dann auch niemand mehr. Die Erzieherinnen erläuterten ausführlichst ihr Anliegen und sahen meine Mutter erwartungsvoll an. Claudia richtete sich kurz in ihrem Stuhl auf und grinste breit.

»Ja, spinnt ihr denn!«, spottete sie den Erzieherinnen ins Gesicht. »Ich verdiene mein Geld mit den Geschichten, die der Junge da erzählt. Im Leben hört er nicht auf damit.«

Ich habe keinen einzigen weiteren Tag in der Nachmittagsbetreuung verbracht, wurde augenblicklich zum Schlüsselkind gekrönt und habe nie einen Hauch von Ärger für meinen Rausschmiss bekommen.

Wir sind die Schreibers. Da wird halt erzählt.

Dicke, hochfliegende Pazifikwolken schieben sich nun vor die Sonne, und ein kühler Wind zieht auf. Claudia verschränkt die Arme vor der Brust und reibt sich die Oberarme. Ich krame eine leichte Jacke aus meinem Rucksack und reiche sie ihr. Aus der linken Jackentasche fällt eine Kastanie in den Sand.

»Guck mal an. Das könnte die erste Kastanie Aitutakis sein. Ganz schön Glück gehabt, das hübsche Ding«, lacht Claudia.

»Ja, das stimmt.« Ich lächle. »Anika hat mir die geschenkt. Wusste gar nicht, dass die in meiner Jacke ist. Also hat die Kastanie mindestens so viel Glück wie wir«, sage ich und krame die Kastanie in meine Hosentasche.

»Das denke ich auch die ganze Zeit.« Claudia lächelt beseelt zu mir herüber. »Vielleicht beschönige ich es auch ein wenig, aber es ist einfach bezaubernd hier. Die Menschen sehen hier so anders aus als in Köln. Die haben ein völlig anderes Gesicht, so scheint mir – viel freundlicher irgendwie.«

»Es ist auch wirklich leicht, freundlich im Paradies zu sein«, lache ich.

Claudia lächelt mich an und legt die Hand auf meine Schulter. Dann runzelt sie die Stirn.

»Sag mal, Lukas. Mal ganz ehrlich. Wie sehr merkst du schon, dass ich krank bin?«

Ich hole Luft und setze zu einer Antwort an, aber halte inne.

»Sag ruhig. Klare Kante!«, fordert mich Claudia noch einmal auf.

»Also ...«, ich zögere noch. »Na ja. Also, ich stelle durchaus fest, dass manche Eigenschaften von dir schon weg sind.«

»Welche genau?«, fragt Claudia jetzt ernster.

»Leben und Tod sind nicht so schwarz-weiß, wie ich dachte. Ich hatte mir das alles anders vorgestellt. Ich dachte immer, entweder ist man tot oder halt nicht. Hier auf Aitutaki macht sich ein Graubereich zwischen Tod und Leben bemerkbar, der mir vorher unbekannt war. Da sind einfach Dinge, die bei dir schon weg sind und wohl nicht mehr wiederkommen«, sage ich.

Claudia steht auf und sieht mich nachdenklich an. Sie greift in ihre Tasche und fummelt an einer Zigarettenschachtel herum. Von außen klopft sie ihre Hose ab, aber kann kein Feuerzeug finden, also hole ich ein Ersatzfeuerzeug aus meiner Tasche, das ich immer für sie dabeihabe, und reiche es ihr. Sie zuckt entschuldigend mit den Schultern und zwinkert mir zu. Sie zündet die Zigarette an, schließt die Augen und atmet durch die Nase aus.

»Jetzt sag schon ...«, fordert sie erneut.

»Na, zum Beispiel so eine gewisse Schnelligkeit und Cleverness in deinem Witz. Die ist nicht mehr so da wie früher. Was das angeht, waren wir als Familie aber natürlich auch immer etwas besonders. Bei uns gab es keine Tabus. Ich hatte so viele Freunde, die bei uns zum Abendessen waren und mir danach erzählt haben, wie seltsam es bei uns sei«, sage ich.

»Wirklich? Was war denn los bei uns?«, fragt sie neugierig nach.

»Ich habe es immer so beschrieben, dass es nur zwei Themen bei uns am Essenstisch gab: Krieg und Ficken.«
»Das ist ja schrecklich«, lacht Claudia. »Wieso denn Krieg?«
»Na ja«, jetzt muss ich selbst lachen. »Entweder wurde intensiv über zwischenmenschliche Beziehungen, Sex und Liebe gesprochen oder darüber, was das Leben grundsätzlich bedeutet – das ist Ficken. Und Krieg – das waren alle politischen und gesellschaftlichen Diskussionen, die wir dauernd hatten. Da ging es um aktuelles Geschehen und wie man das einzuordnen hat. Die ganz klare linke Agenda von dir und Peter und auch die Ermutigung an uns Kinder, uns eine eigene Meinung zu bilden. Mitzubekommen, was in der Welt passiert, und zu versuchen, das zu verstehen. Mein Leben lang waren das die Gespräche am Essenstisch. Und dabei hat nicht jeder einfach mal so gesagt, was man gerade denkt, sondern wir haben uns richtig drüber gestritten. Jeder sollte einen klaren Gedanken formen, den verbalisieren und verteidigen können. Und deshalb Krieg und Ficken.« Ich atme kurz durch und überlege, wie ich meinen Punkt zu Ende bringe. »Na ja, und da warst du immer die Beste drin«, sage ich. »Bei uns in der Familie konnte das niemand so gut wie du. Wir waren alle Klugscheißer – aber gegen dich haben wir die Diskussion nie gewinnen können.« Ich blinzele zu ihr hoch. »Und ich glaube, das gibt es nicht mehr. Ich sehe es in deinem Blick. Wir sprechen über manche Themen, und dein Blick ist leer, während du früher schon dein drittes Gegenargument geplant hattest. Ich erkläre dir Sachen, die du kennst, und du kannst sie dennoch nicht einordnen. Und so wird mir klar, dass das weg ist und auch nicht mehr wiederkommen wird.« Ich halte kurz inne, aber sie sagt nichts, blickt nur hinaus aufs Meer. »Ich habe einen Teil in mir, der diesen Dingen hinterhertrauern möchte. Der die-

sen Teil meiner Mutter wahnsinnig vermisst. Das sind Aspekte, die einfach schon gestorben sind. Aber trauern kann ich auch nicht, denn du bist ja noch da.«

Eine Weile schweigen wir.

»Hast du mir das schon mal erzählt, so wie jetzt?«, fragt sie dann vorsichtig.

»Nein. Das ist das erste Mal, dass du gefragt hast«, lüge ich.

Claudia atmet hörbar aus und nickt mühsam. Sie starrt noch immer auf das Wasser hinaus, und ich zweifele, ob ich wirklich derart ehrlich hätte sein sollen – aber dafür ist es nun zu spät.

»Krieg und Ficken ...«, flüstert Claudia und setzt sich wieder neben mich. »Wir haben auch viel Krieg erlebt für so eine kleine, normale, deutsche Familie.«

»Inwiefern?«, frage ich.

»Na, weil der Peter dort immer unterwegs war, im Krieg. Spätestens als Natascha gestorben ist, habe ich mich gar nicht mehr einkriegen können. Sowas Schlimmes. Du weißt, was da passiert ist, oder?«, fragt sie.

Ich hatte den Namen schon oft gehört und kannte die grobe Geschichte dahinter, aber ich schüttele dennoch den Kopf.

»Natascha war eine richtig gute Freundin von Peter und mir, die wir in Moskau kennengelernt hatten. Natascha lag eigentlich jedes Wochenende bei uns auf dem Sofa, und wir haben zusammen Wodka gesoffen. Meine Güte. Wenn ich heute noch so viel saufen müsste wie damals, dann wäre ich längst tot. Könnte eigentlich auch eine Möglichkeit für mich sein, um dem Alzheimer zu entkommen. Einfach nochmal einen Abend mit zehn durstigen Russen verbringen. Dann bin ich mein Problem auch los – das überlebe ich nicht«, Claudia lacht laut. Sie richtet sich auf und greift nach einer Muschel im Sand, die sie zwischen Zeigefinger und Daumen reibt. »Natascha war auch Reporterin, so wie Peter. Als der Erste Tschetschenienkrieg losging, wollten alle Journalisten sofort da runter. Natascha ist mit ihrem Mann, der ebenfalls Journalist war, los, so schnell es irgendwie ging. Es gab da eine Schule, die von Streitkräften besetzt worden war, und von dort wollten die beiden berichten. Auf dem Weg dorthin waren mehrere Wachposten, an denen man angehalten wurde und Papiere vorzeigen musste. Davon gab es wahnsinnig viele auf dem Weg, und an jedem dieser Checkpoints wollten natürlich alle Soldaten bestochen werden. Natascha und ihr Mann hatten schon einige dieser Posten hinter sich und hatten es wie gesagt sehr eilig. In eine dieser Kontrollen sind sie dann so ein bisschen reingerast, und das hat die Soldaten sehr provoziert. Oben auf einem Panzer saß ein ganz junger, gerade mal siebzehnjähriger Soldat. Der sollte ganz allein so ein riesig großes Maschinengewehr bedienen, aber konnte das gar nicht. Der war viel zu klein und schwach. Jedenfalls wollte der Soldatenjüngling die beiden nervigen Journalisten ein bisschen erschrecken und über deren Auto schießen, als die beiden von der Kontrolle wegfuhren. Das sollte tatsächlich nur ein Schreckschuss werden. Und dieser junge Soldat konnte dieses große Maschinengewehr gar nicht richtig halten, drückt ab und zielt dabei viel zu tief. Das riesige Kaliber schießt deshalb nicht wie geplant über das Auto hinweg, sondern passgenau durch die Heckscheibe in Nataschas Nacken. Das hat ein zehn Zentimeter großes Loch in ihren Hals gerissen, und sie war auf der Stelle tot. Ihr Ehemann saß direkt neben ihr, als das passierte.« Sie schluckt. »Ich habe das aus den Nachrichten erfahren. Du saßt als Baby noch auf meinem Schoß, und ich habe dich gefüttert, als ich ihr Gesicht und ihren

Namen im Fernsehen sah. Das war ein furchtbarer Moment, und ich bin richtig zusammengebrochen, als ich das hörte.« Claudia atmet tief ein, legt die Muschel in ihrer Hand vor sich und schiebt Sand darüber. »Das waren wirklich schwere Zeiten für mich. Weil auch Peter weiter in solchen Kriegsgebieten gearbeitet hat. Peter war in dem gleichen Tschetschenienkrieg unterwegs. Ich hatte vorher schon Angst um ihn, aber als das mit Natascha passierte, habe ich es kaum mehr aushalten können. Peter wollte die ganze Zeit nicht, dass man Angst um ihn hat, weil er sagte, das sei dann alles noch schwieriger für ihn. Als ob ich das einfach so wegstecken konnte. Jedes Mal, wenn er wieder wegging, habe ich um sein Leben gebangt. Ich dachte jedes Mal, er würde vielleicht nie mehr wiederkommen und ich bleibe mit den beiden Kindern allein. Ich glaube, da habe ich meinen ersten Hau wegbekommen. Oder vielleicht eher den zweiten. Ich hatte einfach viel zu viel Angst um ihn. Viel zu viel Angst. Vielleicht hat das auch mit meinem Vergessen heute zu tun.«

»Das stelle ich mir so anstrengend vor.« Ich sehe zu Claudia hinüber, sie schiebt weiter die Muschel vor sich im Sand hin und her. »Aber meinst du echt, das kann was mit dem Alzheimer zu tun haben?«, frage ich.

»Na, ich glaube zumindest, das könnte der Anfang gewesen sein. Mein Missbrauch, die ganzen Missstände zu Hause – das war einfach zu viel.« Sie sieht zu mir herüber, und ich nicke. »Ich habe vor einiger Zeit von der sogenannten Nonnenstudie gelesen. Da wurden Untersuchungen gemacht mit Nonnen, die im Kloster leben. Nonnen, das sind ja Frauen, die wahnsinnig behütet leben. In völliger Ruhe und nur unter sich, entscheiden sie sich freiwillig dafür, so zu leben. Die werden ja nicht weggesperrt, sondern beschränken sich freiwillig darauf, einfach nur zu beten und nachzudenken. Der Tagesablauf dieser Frauen ist jeden Tag gleich. Immer. Keine Sorge, dass irgendjemand verhungert oder ihnen jemand etwas Böses wollen würde. Immer behütet. Tag für Tag. Und die genießen das auch. Für mich ein bisschen langweilig, aber ich kann sie verstehen. Jedenfalls wurde untersucht, wie deren Gehirn aussieht. Und da hat man festgestellt, dass diese Nonnen wahnsinnig viel Eiweißablagerungen, sogenannten Plaque, auf ihren Nervenknoten haben. Eigentlich ist das ein Zeichen von Demenz. Menschen mit Alzheimer haben ganz viel von diesem Plaque auf den Nervenknoten, und man geht davon aus, dass das der Grund für die Erkrankung sein könnte. Einen Zusammenhang scheint es zumindest zu geben. Die Nonnen aber haben ihren Verstand behalten. Und eine der Erklärungen für diese Funde ist, dass womöglich erst permanenter Stress zum Auslöser für Alzheimer werden könnte. Wenn einige Menschen diese Ablagerungen haben und an Alzheimer leiden und andere, wie die Nonnen, zwar Ablagerungen haben, aber keine der Symptome, dann ist der Plaque sozusagen nur eine Begleiterscheinung. Eine Voraussetzung vielleicht, aber nicht die eigentliche Ursache – so habe ich es verstanden. Könnte das bedeuten, dass der Stress, unter dem ich gelitten habe, der wahre Ursprung meiner Krankheit ist?«, fragt Claudia und sieht mich mit gerunzelter Stirn an.

Ich habe diese Geschichte schon zigmal gehört. Als Claudia krank wurde, recherchierte ich über Alzheimer, und der schnelle nicht-akademische Eindruck, den ich gewann, war, dass selbst Experten einen Scheißdreck über die tatsächlichen Ursachen von Alzheimer wissen. Claudia sucht verzweifelt nach einem Grund, warum sie das ständige Vergessen ertragen muss. Ich bringe es nicht übers Herz, ihr zu sagen, dass es einfach nur Pech sein könnte. Bessere Erklärungen haben alle Expertinnen auch nicht zu bieten.

Ich versuche, dieses Thema zu vermeiden, weil ich weiß, dass Claudia entgegen besseren Wissens hofft, dass ihr Zustand vorübergehend sein könnte. Ihr Charakter ist der einer Frau, die alles lösen konnte. Sie will den Alzheimer mit aller Macht aufhalten, indem sie den Stress ihrer Vergangenheit bekämpft. Dabei ist es einfach hoffnungslos.

»Nun, das könnte einen Sinn ergeben, wenn man bedenkt, wann deine Symptome aufgetreten sind. Nur eine Woche nach der Veröffentlichung deines letzten Buches hattest du diesen starken Anfall. Dein Körper hielt den großen Kampf zurück, bis die Arbeit getan war. Ich weiß aber auch, dass es genetische Veranlagungen gibt, die Alzheimer mit verursachen«, halte ich dagegen. »Stress hat sicherlich einen erheblichen Einfluss auf den Körper und verursacht einen Haufen Probleme, aber ich kann mir nicht vorstellen, dass er die alleinige Ursache für deine derzeitige Situation ist«, antworte ich und blicke dabei beschämt in den Sand.

Claudia atmet tief durch, bevor sie antwortet. »Ich habe viele Jahre eine Analyse bei einer Therapeutin gemacht und dabei wahnsinnig viel erfahren über mich. Und ich habe gemerkt: Den Schmerz in dir, den nimmt dir niemand. Du kriegst ihn niemals weg. Du kannst ihn dir nur erklären im Kopf. Ja, und vielleicht war mein Stress einfach zu viel, mein Kummer zu groß. Vielleicht hat mein Körper dann gesagt, ich kann nicht aussuchen, was gutes Vergessen und was schlechtes Vergessen ist. Ich glaube, da könnte doch etwas dran sein.«

Wieder einmal wird mir bewusst, wie hilflos ich bin. Ich habe das Gefühl, dass ich immer näher an eine Klippe herankomme, an der alles, was meine Mutter ist, verloren geht. Claudias Vergangenheit ist ein immer wiederkehrendes Thema, das in ihr Leben eingewoben ist. So viel Kummer, so viel Stress, aber dann auch wieder die große Befreiung, die jetzt dennoch so unbedeutend scheint. Mein Leben lang wusste ich von Claudias Kindheit, die immer unglücklich klang. Aber sie hatte sich von alldem befreit. Nur selten habe ich ihren tatsächlichen Schmerz in meiner eigenen Kindheit miterlebt. Rückblickend scheint das wohl eher daran gelegen zu haben, dass Claudia diese Aspekte ihres Lebens bewusst von uns ferngehalten hat, bis wir erwachsen genug waren, sie zu ertragen. Ich sehne mich danach, mich in den Arm meiner Mutter zu lehnen und einfach weinen zu können. Aber das geht nicht mehr. Sie ist genau so hilflos wie ich.

Später am Abend gehen wir noch etwas essen. Ich versuche Claudia mit Geschichten von damals in eine gute Stimmung zu bringen, doch meist hört sie nur zu, zuckt mit den Schultern, lächelt und sagt: »Das war schon gut so – aber damit hab ich abgeschlossen« oder eine ähnlich allgemeine Bemerkung, die das Thema verebben lässt. Nach dem Essen bringe ich sie zu unserer Hütte, und sie verabschiedet sich schnell ins Bett.

An den meisten Abenden gehe ich nochmal alleine spazieren. Den ganzen Tag sprechen Claudia und ich über das Leben und den Tod. Nach einer Weile ist das wahnsinnig anstrengend, und ich brauche diese Momente, in denen ich nochmal reflektieren kann, was hier eigentlich passiert. Ich denke an meine Freunde in Köln, dort ist jetzt helllichter Tag. Es ist November, und die Karnevalssaison steht kurz bevor – ich war nie der größte Karnevalsfan, aber der Gedanke, diese Gefühlsirrungen in ein paar Kölsch und guten Freunden zu ertränken, wäre verlockend. Die abendlichen Geräusche des Flughafens prallen auf den Seewind, der über Zement und Palmen kreist. Das Rauschen des Ozeans und der Glanz des aufgehenden Mondes, der heute so aussieht, als sei ihm übel, verdeutlichen mir, wie weit ich doch von Zuhause weg bin.

Ich bin nicht nur physisch am anderen Ende der Welt – alles, was ich kenne, fühlt sich ganz fern an. Meine Mutter war die wichtigste Konstante in meinem Leben. Etwas Starkes, immer Liebendes, Unveränderliches, zu dem ich immer zurückkehren konnte. Dieser Fels ist zerbröckelt, und ich weiß nicht mehr, woran ich mich sonst festhalten soll. Zu sehen, wie die Krankheit sie verändert hat, hat das Bild meiner eigenen Unsterblichkeit in Stücke zerlegt. Was wäre, wenn ich heute sterben würde? So viel ungelebtes Leben – wäre schon echt schade. Claudias einziger Trost scheint zu sein, dass sie das Leben wenigstens voll gelebt hat, als sie noch konnte. Ein altes griechisches Sprichwort lautet: »Hinterlasse dem Tod nichts als ein ausgebranntes Schloss.« Das hat mir immer gut gefallen.

Ich schließe meine Augen und atme tief ein. Der warme Wind streift mein Gesicht, und ein friedliches Gefühl breitet sich in mir aus. Ich bin verängstigt, unsicher, gefühlsmäßig unbeständig und tieftraurig, aber ich bin auch lebendig. Ich werde alles tun, mich abzufackeln, bevor der Tod mich holt.

Ich gehe in mein Zimmer, ziehe die Vorhänge vor das Fenster und falle wie ein nasser Sack ins Bett. An meiner Hüfte drückt ein kleiner harter Gegenstand. Ich greife in meine Hosentasche und spüre die einsamste Kastanie des Pazifiks. Ich greife ein Blatt Papier und einen Stift aus meinem Rucksack und schreibe:

Liebste Anika,
Aitutaki kann vieles - aber keine Kastanien.
Hier gibt es nur Kokosnüsse.
Die wiegen viel zu schwer in den Taschen.
Haarig sind sie auch.
Ob schmeichelnd in meinen Händen oder zum Wärmen meiner Finger.
Wäre mir deine Hand doch lieber.

DIE VIELEN KLEINEN UND DER GROSSE TOD

In dieser Nacht bekommen wir einen kleinen Vorgeschmack auf die Regenzeit, die kurz bevorsteht. Stundenlang peitscht der Wind die Palmen, und der Regen hämmert auf das Dach des kleinen Häuschens. Den größten Teil des Sturms habe ich verschlafen, aber als ich kurz aufwache, sehe ich die Palme, die vor unserem Fenster steht und sich biegt und bäumt, dass man glauben könnte, der Wind reiße sie gleich heraus. Aber Südseepalmen sind noch viel stärkere Böen gewohnt, die halten einiges aus. Dann hört es ganz plötzlich wieder auf, als wäre nichts gewesen. Kein Wunder, dass die Insel so wundervoll grün ist.

Frühmorgens, noch bevor Claudia aufwacht, schlendere ich um das Haus herum, um zu sehen, ob der Sturm irgendwelche Schäden angerichtet hat. Hundert Meter weiter steht ein altes Auto inmitten der Palmen, und ich spaziere ein Stück in seine Richtung. Das Auto ist mir bereits die Woche zuvor aufgefallen, und schon vor dem Sturm war die Motorhaube völlig verbeult und die Scheiben zerbrochen. Aber der Sturm hat noch einen Haufen riesiger Palmenblätter und Sträucher hinzugeweht, die quer über dem Auto liegen. Das Wrack bildet einen bizarren Kontrast zu der paradiesischen Umgebung. Wie schwer es sein muss, überhaupt ein Auto nach Aitutaki zu bekommen. Aber genauso schwer muss es sein, ein kaputtes auch wieder von der Insel herunterzubekommen. Ein paar Meter weiter beginnt schon der Strand, das türkisfarbene Wasser schwappt wieder in gleichmäßigen, zarten Wogen über den Sand. »Das ist der schönste Totalschaden, den ich je gesehen habe«, denke ich.

Als ich zurück zu unserem Haus gehe, sehe ich den noch schöneren Totalschaden schon auf der Terrasse sitzen. Claudia blickt in die Palmen und hält eine Zigarette zwischen den Fingern, dabei hat sie bereits eine brennende im Mund stecken. Sie lächelt mich an, als sie mich sieht. Ich setze mich neben sie. Für eine Weile schweigen wir und hören dem Rascheln der Palmen zu.

»Woran denkst du?«, frage ich dann.

»Ach, dieser Sturm heute Nacht – der war so klasse. Der hat es so richtig rappeln lassen. Bestimmt eine Stunde hab ich einfach nur zugeguckt. Was für ein Unwetter, herrlich.«, antwortet sie lächelnd.

»Ich hab's gar nicht so richtig mitbekommen«, sage ich.

»Schade drum! Da hast du echt was verpasst. Hab mich so richtig gewundert, wie viel Wasser da eigentlich so runterkommt, und auch mit was für einem Krach. Und ganz plötzlich verstummte der Donner zu einem leisen Murmeln, die Spritzer am Fenster flossen wie Tränen am Glas herab, und der Sturm war wieder vorbei. Das war so wundervoll. Da musste ich ein bisschen weinen, als ich das gesehen habe. Weiß auch nicht, warum.«

Ich spüre ein Gefühl der Erleichterung, als sie das sagt. Ich merke erst jetzt, wie besorgt ich war, dass Claudia das schlechte Wetter als Enttäuschung empfinden könnte. Ich habe mir noch nie Sorgen um das Wetter gemacht. Die nicht enden wollenden Winter in Moskau haben uns auf das Schlimmste vorbereitet, was die Natur zu bieten hat. Unsere Ansprüche an gutes Wetter waren seither nicht mehr vorhanden. Aber diese Reise wird zweifellos

Claudias letzte große Reise sein, und ich möchte nichts mehr, als dass diese Reise perfekt ist. Jeder noch so kleine Aspekt, der dieses paradiesische Erlebnis trüben könnte, macht mir Angst. Aber zum Glück hat sie diesen Gewittersturm einfach als eine weitere der vielen schönen Strophen Aitutakis wahrgenommen.

Sie atmet tief ein und zieht noch einmal fest an ihrer Zigarette. »Nie hätte ich gedacht, dass ich sechzig Jahre alt werde. Ich dachte immer, ich sei irgendwie früher dran. Und in meinem Gefühl, da bin und bleibe ich, ehrlich gesagt, ein Mädchen, so ungefähr um die zwölf. Das ist, glaube ich, mein beständiges Alter.« Sie lacht auf. »Aber doch nicht sechzig! Das hätte ich nie gedacht, dass ich mal so alt werden würde. Und jetzt … da empfinde ich es gar nicht als so alt. Früher klang sechzig so richtig alt. Aber heute ist es das eigentlich gar nicht mehr. Ich dachte, ich würde mich viel älter fühlen, wenn ich erst mal sechzig bin. In meinem Gefühl war ich noch voll im Saft und hatte eigentlich noch so viele Pläne. Noch so einige Bücher wollte ich schreiben, viel Rumknutschen oder einfach … einfach leben. Klar – kann schon sein, dass man irgendwann krank wird. Aber doch erst, wenn man sich so richtig alt fühlt und nicht schon jetzt. Mein Leben lang bin ich nie ernsthaft krank gewesen. Ganz im Gegenteil, ich war eigentlich immer sehr gesund. Masern und der ganze Scheiß – aber noch nie so richtig dolle krank. Freunde von mir oder auch dein Bruder, die waren und sind chronisch krank und gehen wahnsinnig mutig damit um. Aber ich war immer gesund. Deshalb ist das auch so … ja, es fühlt sich fast an wie eine … ja, wie fühlt sich das an?« Claudia runzelt die Stirn, setzt an, hält dann doch wieder inne, zieht an der Zigarette und sagt: »Es ist fast wie eine Art Kränkung. Ich dachte immer, das haben andere Leute und nicht ich. Ich dachte, ich sei davon befreit. Vermutlich denken das alle, bevor sie krank werden. Das optimistische Dilemma sozusagen.«

Ich stehe von meinem Stuhl auf und hocke mich direkt vor sie. Ihr Gesicht ist nun direkt vor meinem, und ich sehe ihr in die Augen. Ich greife ihre Hand. Natürlich ist Alzheimer nur eines der schlechten Szenarios von vielen, die schiefgehen können. Ich möchte hier bei ihr sein, präsent sein, wirklich zuhören und ihr helfen. Aber ich habe auch Angst davor, was passiert, wenn es zu schwer wird, mich um sie zu kümmern. Ich versuche, nicht zu weit vorauszudenken. Ich denke nicht an das nächste Jahr, ich kann nicht einmal an die nächste Woche denken. Das ist alles so furchtbar deprimierend. Sie macht eine längere Pause, bevor sie fortfährt.

»Wenn meine Zukunft so wäre wie jetzt«, sagt sie, »und ich einfach nur ein paar Fragen hätte, welcher Tag heute ist oder was ich jetzt machen muss, wenn es nur diese kleine Irritation bliebe, dann könnte ich locker damit leben. Aber mein Zustand wird ja schlimmer werden. Mit der Zeit werde ich immer verwirrter – das wird alles stärker. Ich werde immer ein bisschen tuddeliger. Ich weiß ja nicht, wie ich dann bin oder wie ich agieren werde – ich habe einfach keinen Schimmer. Das ist ein Land, das ich betrete, in dem ich noch nie war und dessen Straßenkarte ich nicht kenne. Vielleicht ... ja, vielleicht wird es Momente geben, bei denen ich noch nicht einmal dich erkenne.« Claudia räuspert sich und schließt für einen Moment die Augen. »Wen kenne ich denn dann noch?«, fragt Claudia ganz leise.

Ich kann mir den Moment nicht einmal vorstellen, in dem Claudia mich nicht erkennen soll. Je häufiger sie diese unausweichliche Realität erwähnt, desto abgestumpfter werde ich. Ich werde von

Satz zu Satz immer tauber, als würde etwas tief in mir diese Tatsache nicht akzeptieren wollen. Wenn ich mich nur etwas mehr anstrengen würde, könnte ich sie vielleicht dazu bringen, sich zu erinnern. Wenn ich mich nur genug anstrenge, werden die Dinge vielleicht nicht so kommen, wie sie bereits vor mir ausgelegt worden sind. Ich weiß, dass es aussichtslos ist, aber ich tue so, ich fühle so, als ob es das nicht wäre. Ich kann nicht anders.

Ich streichle ihre Hand und sage: »Es muss nicht unbedingt dieser Alptraum sein. Es gibt so viele, die Alzheimer haben, und einige Geschichten enden nicht in diesem Chaos, in dem der Tod nur noch eine Erlösung ist. Der Vater eines Bekannten, der hatte auch Alzheimer. Dessen Ding war, dass er jeden Tag von Café zu Café ging, um dort einen Cappuccino zu trinken. Gibt ja einige von diesen Veedel-Legenden in Köln, die alle kennen und die jeder kennt. Jedenfalls ging er wie jeden Tag von Café zu Café und bestellte immer einen Cappuccino, und dazu wurde ihm ein kleiner Likör angeboten, völlig üblich in Köln. Über den Likör freut er sich natürlich und nimmt dankend an. Nur leider hatte er in jedem Café wieder vergessen, dass er ja schon einen Likör hatte, und kam dann immer angesoffen nach Hause. Sein Sohn kam irgendwann dahinter, ging dann die Cafés mit ihm ab und bat die Betreiber, ihm in Zukunft lieber keinen Alkohol mehr zu spendieren.«

»Das klingt nach einem Saufkumpel für mich«, lacht Claudia.

»Ja, das stimmt. Jedenfalls saß dieser Mann wohl eines Tages in seinem Lesesessel. Sein Sohn saß neben ihm. Und da atmete der alte Mann tief durch und sagte: ›Hach, wir haben es schon gut.‹« Claudia sieht mich aufmerksam an und ich fahre fort. »Das klingt nicht fürchterlich. Es gibt diese Horrorgeschichten, keine Frage.

Ich will dich nicht anlügen. Aber es gibt wohl auch Szenarien, da werden die Menschen einfach simpler und ruhiger.« Manchmal bin ich mir nicht mehr sicher, ob ich lüge oder wen ich überhaupt anlüge – meine Mutter oder mich selbst. Ich weiß, dass es ein besseres Szenario geben muss als das, das ich am meisten fürchte. Momentan redet Claudia beinah jeden Tag davon, sich das Leben zu nehmen. Egal wie gerechtfertigt ich diesen Wunsch nachempfinde – der Gedanke, sie mit meinen Worten im Sterbewunsch zu bestätigen, treibt mich um. Doch genauso wenig, wie ich sie davon überzeugen möchte, ihr Leben vorzeitig zu beenden, fürchte ich mich gleichzeitig wahnsinnig davor, sie davon zu überzeugen, am Leben zu bleiben und sie dann leiden zu sehen, verwirrt und verängstigt. Dass sie all das dann nur ertragen muss, weil ich nicht stark genug war, mich zu verabschieden. Oder vielleicht ist es das Gegenteil, und ich zeige ihr die wundervollen Seiten in der Einfachheit? Wenn ich es doch nur wüsste.

»Ja, das versteh ich auch, dass es kein Alptraum sein *muss*.« Claudia sieht mir fest in die Augen und dann traurig an meinem Gesicht vorbei in die Leere. »Aber ich werde deine Kinder nicht kennenlernen«, sagt sie, und ihr Atem stockt. »Ich sehe dich hier mit diesen Kindern spielen und bin so traurig, dass ich das bei meinen Enkeln nicht erleben darf.«

Ich schlucke. Von meinen Kindern spricht sie sehr häufig, seit sie krank ist. Zuvor war das nie ein Thema gewesen.

»Vielleicht lernst du sie jeden Tag kennen, Claudia«, sage ich.

»Wie, jeden Tag?«, fragt sie.

»Na, ich bringe meine Kinder jeden Tag bei dir vorbei, und du freust dich jeden Tag aufs Neue, dass du Enkelkinder hast.«

Claudia lacht auf, und ihre finstere Miene weicht dankbar auf. »Du bist lieb. Aber das ist sowieso auch dein Ding. Mach Kinder, wenn du dich danach fühlst, Junge.« Dann verfinstert sich ihr Blick schon wieder. »Aber weißt du, Kinder hin oder her, wenn ich weiß, dass ich Alzheimer habe, dann weiß ich auch, dass ich meinen Verstand verliere und in irgendeiner Anstalt ende. Da will ich nicht hin, Lukas. Echt, das will ich überhaupt nicht. Wie sagt man so schön: Da sehe ich mich nicht.«

Ich bin verdutzt, dass sie die Formulierung »Da sehe ich mich nicht« benutzt. Ihr letzter Partner, mit dem sie vor ihrer Krankheit zusammen war, der hatte so gesprochen, und Claudia fand das immer fürchterlich. Auf dem Flug nach Aitutaki hat sie noch darüber geschimpft, dass er das gesagt hatte, als es darum ging, ob sie möglicherweise zusammenziehen würden. »Ich sehe dich nicht in meiner Wohnung«, hatte er wohl gesagt und sie sich empört, wie schrecklich diese Formulierung sei. Und hier taucht sie plötzlich wieder auf, und Claudia beschreibt sie sogar als schön. Ich ertappe mich dabei, dass ich nach Mustern suche in der Art und Weise, wie sie jetzt denkt. Aber vielleicht sind da gar keine.

»Mein Großvater, Opa Lala, der hatte vermutlich auch Alzheimer«, sagt sie dann. »Damals hat man das nicht so genannt, aber jetzt, wo ich in mir spüre, wie sich diese Krankheit anfühlt, kann ich mit ziemlicher Sicherheit sagen, dass er auch dement war. Er war der Vater meiner Mutter und einer der wenigen gutherzigen Menschen im Dorf. Opa Lala machte viel Musik, spielte Trompete und war rundherum ein ganz reizender Mann – deshalb nannten wir ihn auch Opa Lala, weil er so viel sang. Und als er dann langsam etwas daneben war irgendwann, passte der Name noch besser – er war einfach ein wenig Lala im Kopf.« Bei der Erinnerung an ihn zeichnet sich ein liebevolles Lächeln in Claudias Gesicht. »Seine Schwiegertochter musste ihn irgendwann einsperren, weil er sonst einfach weglief. Aber er hatte einen kleinen Handbohrer in seinem Zimmer. Und wenn man ihn dann, wie so häufig, nicht aus seinem Zimmer rauslassen wollte, dann nahm er diesen Bohrer und machte ganz viele kleine Löcher in die Tür. So viele Löcher, dass er irgendwann ein Stück herausklopfen und durch die Tür greifen konnte, um sie zu öffnen. Wenn er floh, kannte er wenigstens eine Richtung – schon mal besser als meine Orientierung«, lacht Claudia. »Immer wenn er ausbüchsen konnte, wollte er nämlich nach Kassel. Das waren zu Fuß bestimmt zehn Kilometer, und dort wollte er mit seiner Trompete auf dem größten Platz Heilslieder spielen. Es ist selten passiert, dass er wirklich in Kassel ankam, sie haben ihn meist schon früher gefunden. Ja, so hat er seine Demenz gelebt.«

Ich kenne viele Geschichten über Opa Lala. Er scheint einer der wenigen Lichtblicke in Claudias Kindheit gewesen zu sein.

»Ich würde gerne über den Alzheimer schreiben, aber das geht nicht mehr«, fährt sie dann fort. »Heilslieder in Kassel kann ich schließlich nicht spielen.« Bei der Vorstellung muss ich lachen. »Früher habe ich auch viel Musik gemacht und Geige gespielt. Ich war nicht sonderlich begabt, aber ich war im Orchester der Schule – Anführerin der zweiten Geige war ich. Das bedeutet, ich kann nicht gut spielen, aber gut den Takt halten. Das war ein wunderschönes Gefühl, sich die Musik so zu erarbeiten und dann in Konzerten vorzuspielen. Ich habe später auch noch Klavier und Gitarre gespielt. Das hat mir so viel Freude gemacht.« Claudia guckt nun etwas ernster. »Tja. Die Geige habe ich vor Kurzem verkauft. Das ging zu sehr in mein Kreuz, und ich hab auch zu wenig geübt. Klavier spielen geht auch nicht mehr. Beim Klavier muss man ja sozusagen drei, vier verschiedene Dinge gleichzeitig denken. Und das funktioniert nicht mehr für mich. Das Klavier steht zum Verkauf.« Sie seufzt und blinzelt in die Sonne. »Das sind diese kleinen Schritte, lauter winzige Tode sozusagen ... Und die kommen immer häufiger«, fährt sie fort. »Aber das Denken war das Einzige, das ich in meinem Leben richtig gut konnte. Ich habe alles nur über diese Schiene gemacht. Ich bin kein Bäcker und kann Brötchen backen, sondern mir nur etwas ausdenken mit dem Kopf.« Claudia tippt sich mit dem Zeigefinger an die Schläfe. »Ich hab alles bewältigt mit meinem schönen Verstand. Und jetzt nimmt dieser Alzheimer mein wichtigstes Instrument. Ich weiß gar nicht, mit was ich sonst agieren soll.«

»Ganz so am Ende bist du ja noch nicht. Da funktioniert noch sehr viel«, sage ich.

Sie nickt kaum erkennbar und blickt dann hoch in den nun wolkenlosen Himmel. »Ach, es ist und bleibt so wahnsinnig unfair«, sagt sie. »Ich hatte noch so viele Pläne. Ich hatte noch so viel vor. Aber es geht nicht nur um die Bücher, die ich schreiben wollte. Ich fürchte vor allen Dingen den Kontrollverlust, der mir noch bevorsteht. Ich kann mir einfach nicht vorstellen, dass ich für viele Jahre nur noch Scheiße reden soll. Dass ich irgendwo hinsabber und weder mich noch andere erkennen kann. Gute Freunde sagen mir immer wieder, dass es Menschen mit Alzheimer gibt, die eine Portion Glückseligkeit haben, die wir im Gesunden nicht kennen. So wie der Vater deines Freundes, von dem du eben erzählt hast. Aber weiß nicht, ob das nicht vielleicht ein Trick sein soll. Ein Trick, der es mir jetzt schöner machen soll. Ich habe auch Filme gesehen, wo die alten Menschen in Heimen verprügelt wurden zum Beispiel.

Wie soll ich mich denn da wehren? Ich habe keine Regie mehr in meinem Leben. Und deshalb weiß ich nicht, ob ich so alt werden will. Also was mache ich jetzt? Da müssen wir offen drüber reden. Gebe ich mich meinem Schicksal hin und verliere meine Vernunft? Oder nehme ich eine andere Option …?« Claudia sieht mich eindringlich an. Ich halte ihren Blick, und doch kann ich ihr keine Antwort geben. »Die einzige Alternative ist doch, dass ich mir vorher selbst die Kante gebe. Verstehst du? Ich finde das Leben wunderbar, aber es scheint, als müsste ich mir selbst das Leben nehmen, nur damit ich nicht dieses … ja, dieses Ende da habe. Und da ist der Freitod beinah eine Gnade. Ein Tod, der nicht im Geringsten lebenssatt ist – sondern einfach nur sagt: ›Ich kann in diesem Körper nicht mehr sein.‹ Wie soll man so etwas entscheiden? Alles in mir sträubt sich dagegen, und ich habe überhaupt keine Lust, mich umzubringen. Aber ich fürchte mich vor dieser Existenz, in der ich nicht mehr agieren kann, verstehst du? Hier gibt es nur ein ›viel zu früh‹ und dann sofort ein ›viel, viel zu spät‹. Da ist kein Zwischenbereich, in dem ich selbstbestimmt gehen darf. Ich hab doch gar keine Wahl. Das ist ein wirklich schweres Problem. Wirklich.« Claudias Augen suchen den Himmel ab, der für die Tageszeit eigentlich zu orange ist. Dann sieht sie mich ernst an. »Was würdest du machen?«, fragt sie. »Ist eine fiese Frage für einen Sohn, ich weiß. Vielleicht kannst du auch gar nichts dazu sagen.«

Wir führen diese Unterhaltung nicht zum ersten Mal. Ganz im Gegenteil, wir führen dieselbe Unterhaltung zu ihrem Leben und Sterben in dieser Zeit Tag für Tag. Ich kann ihr das nicht sagen, sonst ist sie wahnsinnig traurig, dass sie das wieder vergessen hat. Ein so wichtiges Thema. Und so führe ich dieses Gespräch mit Claudia immer und immer wieder, als sei es das erste Mal. Eine gute Antwort habe ich noch immer nicht, aber ich probiere es jeden Tag aufs Neue.

»Ich weiß es nicht, Claudia«, sage ich. »Ich möchte auch nichts sagen, dass dich in den Selbstmord treibt, weißt du? Ich denke natürlich viel darüber nach, aber ich kann auch nicht ganz begreifen, was das wirklich bedeutet, sich selbstbestimmt das Leben zu nehmen. Peter hat es mal so wunderschön gesagt: ›Wer lebt, *will* leben.‹ Ich glaube, da ist viel dran. Man kann immer wieder überlegen, sich das Leben zu nehmen. Aber die Entscheidung, dann wirklich zu sterben – das ist eine völlig andere Nummer. Die Angst vor der tatsächlichen Nichtexistenz, die Angst, völlig vorbei zu sein, das treibt uns Menschen doch umher, seit wir denken können. Auch wenn wir alle wissen, dass der Tod unausweichlich ist, scheint es dennoch unmöglich, sich vorzustellen, nicht zu existieren. Du beschreibst die Schritte des kleinen Todes, wenn mehr und mehr Dinge verloren gehen. Aber der große Tod sozusagen, das ist nochmal eine ganz andere Herausforderung«, sage ich.

Claudia nickt, aber wirkt etwas unzufrieden mit meiner Antwort. Ein riesiger Ascheturm biegt sich von ihrer Zigarette herab, die sie ganz nah vor ihrem Gesicht hält und schließlich im Aschenbecher vor sich ausdrückt.

»Ich würde ja auch niemandem wehtun wollen damit. Aber das ist schon eine sehr persönliche Entscheidung, sehr persönlich. Weißt du? Ein guter Freund von mir, der auch krank war, der hat mich vorher angerufen. Das war das letzte Mal, dass ich ihn gehört habe. Er hat sich von mir verabschiedet und ist dann wenige Tage später wissentlich gegangen. Von allem, was ich gehört habe, war seine Familie um ihn herum, und seine letzten Worte waren: ›Ich sterbe so schön‹. Das ist für mich eine andere Art von Selbstmord. Das hat nichts Verzweifeltes, das ist kein Todeswunsch, der sagt: ›Ich mag die Welt nicht mehr‹ – ganz und gar nicht. Aber ist das *Leben,* wenn man nicht mehr bewusst ist, sondern nur noch dämmert? Ich weiß nicht, wo die Grenze ist. Es gibt keine Stadien bei Alzheimer, so wie bei anderen Krankheiten und selbst wenn, dann könnte ich mir die ja nicht merken. Ich kenne keine Stufen des Bewusstseins, mit denen ich mich beruhigen könnte. Niemand kann mir sagen, so und so lange hab ich noch. Da ist kein Fahrplan, den ich verfolgen kann, ich muss das nur für mich entscheiden. Das verlangt viel ab, finde ich.«

»Es ist dein Leben, Claudia«, stimme ich meiner Mutter zu.»Ich kann das schon gut nachvollziehen, sich in der Situation das Leben nehmen zu wollen. Aber nur du kannst entscheiden, ob und wie du das beenden möchtest. Ich bin nicht in der Position, dir zu sagen, du sollst das nicht machen. Das kann ich gar nicht. Aber was ich aufzeigen will, ist, dass es zwar diese Horrorszenarien gibt, die du beschreibst. Aber die müssen es nicht sein. Nicht immer. Zum Beispiel wirst du niemals allein sein. Das wird dir nie passieren. Ich weiß nicht genug von Alzheimer, um zu sagen, ob das einen Unterschied macht. Vermutlich nicht«, gebe ich zu. »Aber es wird ein Aspekt von vielen sein. Denn niemand wird dich jemals in irgendeiner Einrichtung schlagen – das werden Peter, Moritz und ich niemals zulassen. Ich finde es wahnsinnig toll, dass du mit Haltung durch das Vergessen gehen möchtest. Aber diese Haltung zu wahren stelle ich mir nirgends so schwer vor wie bei Alzheimer. Du kannst ja nicht auf den Erkenntnissen des Vortages aufbauen. Das ist wirklich schwer. Aber über diese paar Tage hier, die wir so intensiv miteinander verbracht haben, habe ich schon den Eindruck, dass du diese Haltung mehr und mehr entwickelst. Irgendwo bleibt doch etwas haften.« Ich blicke Claudia an und versuche in ihrem Gesicht zu lesen.

»Mhm…«, raunt sie nur. »Das Letzte, was ich will, ist nicht mehr zu wissen, was ich eigentlich für mich will. Ich will mich nicht so fühlen, und ich kann nicht glauben, dass dieses Gefühl niemals gehen wird. Ich würde lieber nichts sein als das. Dieses Gefühl ist der Grund, warum ich sterben will.«

Claudia schließt die Augen und lässt ihren Kopf langsam auf ihre Brust fallen. Es muss so ermüdend sein, in jeder Sekunde aufs Neue einen Weg durch ihre Gedankenflut zu finden.

Alles, was Claudia erlebt, ihr ganzes Leben, ist jetzt Teil des gleichen Problems, für das es keine Lösung gibt. Ein schrecklich einsamer Alptraum, eine persönliche Hölle – egal wie sehr ich versuche, für sie da zu sein. Claudias Wunsch, diesem Terror durch Freitod zu entgehen, kann ich nachvollziehen – aber sie ist immer noch meine Mutter. Ich will nicht, dass sie stirbt. Mit je mehr Patienten und Ärztinnen ich mich im Bekanntenkreis oder bei Claudias Arztterminen über das Sterben von Alzheimererkrankten unterhalten habe, desto klarer zeichnet sich ein Bild von einem ungemütlichen, unklaren und teils grausamen Tod. Aber den müssen wir kennen, um es besser zu machen. Ich habe so viel darüber nachgedacht, dass mir der Schlaf jede Nacht einen Vorgeschmack auf den Tod schenkt. Meine Müdigkeit geleitet mich in eine Narkose ohne Traum – so stelle ich mir den Tod manchmal vor. Oder wie die Zeit vor meiner Geburt. Irrelevant, weil sie für mich nie existiert hat. Ich frage mich, ob wir den Verlust einer Person überhaupt je ganz *verstehen* können, denn unsere Erinnerung an diesen Menschen wird immer eine Erinnerung aus dem Leben heraus sein. Selbst, wenn man eine Person tot sieht, fällt es schwer zu begreifen, dass es dieser Mensch sein soll, den man doch atmend und lebend kennt. Vermutlich können wir uns nie etwas vollständig vorstellen, das wir nicht auch selbst erlebt haben, und das macht den Tod so unberechenbar.

Claudia beschreibt ihre vielen kleinen Tode. Momente, in denen sie feststellt, dass etwas Bestimmtes zum letzten Mal passiert. Eine Pflanze vergilbt, streckt sich noch ein letztes Mal in einer Notblüte hell und bunt, doch verschwindet dann ganz sicher für immer. Egal wie häufig sie etwas getan hat, egal wie klar es ein Teil ihres Erlebens war – eines Tages macht sie es zum letzten Mal. Wenn wir glauben, wir könnten Dinge am Leben halten, indem wir sie nicht vergessen, dann ist das Vergessen selbst im Kehrschluss eine Form von Sterben. Wenn Claudia über ihre Vergangenheit spricht, fühlt es sich genau so an. Alles, was Claudia vergisst und niemand sonst in Erinnerung behält, stirbt einen kleinen Tod. Das Erschreckendste am Sterben ist vielleicht nicht der Verlust der Zukunft, sondern dieser Verlust der Vergangenheit.

Claudias Wunsch, ihr Sterben selbst zu bestimmen, hat nichts Deprimiertes, das weiß ich. Es ist, als würde sie in einem brennenden Wolkenkratzer stehen und daran denken, sich aus dem Fenster zu stürzen, um den Flammen zu entkommen. Die Höhenangst und die Panik, in den Tod zu fallen, ist dieselbe wie bei allen anderen auch. Aber wenn die Flammen nah genug sind, die Haut erst warm und dann heiß wird, wenn der Rauch die Lunge von innen gart, wird das Fallen zum etwas weniger Erschreckenden von zwei Schrecken. Claudia möchte nicht sterben – sie will einfach nur den Flammen entkommen.

Auch wenn bestimmte Aspekte von Claudia scheinbar schon gestorben sind, sind da noch viele Teile – wichtige Teile. Daran versuche ich mich immer wieder zu erinnern. Denn diese Teile zu suchen, zu finden und nicht zu vergessen, ist, was ich jetzt am meisten tun sollte. Doch das fällt mir nicht leicht. Völlig überfordert fühle ich mich manchmal wie ein junger, verirrter Student. Einer, der einfach nur rumhängen und entspannen will, der nach Bestätigung und Anerkennung sucht und sie nur in völlig irrelevanten Dingen findet. Einer, der sich einbildet, er hätte verstanden, was das Leben ist. Aber dieser kleine Junge hat hier keinen Platz mehr und wird ihn wohl nie wieder bekommen. Erst recht nicht in einem fremden Land, allein mit einer Mutter voller Angst. Der Angst, einfach verloren zu gehen, ohne auch nur begreifen zu können, was um sie herum passiert. Ich muss mich jetzt kümmern, egal wie scheiße ich das finde. Und das ist auch der Punkt. Es ist egal, wie scheiße ich das finde. Es zählt nur, was ich tue. Claudias Angst ist auch meine. Egal wie unsterblich ich mich eben noch gefühlt habe – eines Tages werde auch ich verwirrt und ängstlich sein und nur mit Glück alt.

Claudia berührt geistesabwesend ihre Oberlippe und legt ihren Kopf in den Nacken. »Ich habe durch die Gespräche mit dir schon ein bisschen begriffen, dass ich mich doch noch ein bisschen mit der Gegenwart beschäftigen und nicht schon alles abhaken sollte«, sagt sie schließlich. »Also, du hast ja auch recht, ich habe womöglich noch ein paar Jahre, und die will ich füllen – ich möchte meine Zeit noch begreifen können. Und nicht zuletzt deshalb sind wir ja auch hier. Ich musste unbedingt etwas Neues sehen. Diese wundervolle Vorstellung, dass wir auf der anderen Seite der Welt sind, um mal etwas anderes zu sehen und zu denken. Irgendwo wird es diese Schönheit ja auch in Köln geben, oder?« Sie sieht mich an, als wolle sie uns beiden Mut zusprechen. »Ich möchte so bewusst wie möglich leben und mich nicht isolieren. Das könnte meine Falle sein, dass ich mich isoliere, einfach um nicht blöd zu wirken. Ich habe einfach Panik, meine Würde zu verlieren und will alles tun, um die zu halten. Wer mir da hilft, sind tatsächlich Moritz und du. Und ein paar richtig gute Freundinnen. Und erstaunlicherweise sogar dein Vater. So ein Ex ist doch nicht so superblöd. Das ist schon wahnsinnig lieb, wie er sich kümmert. Da wächst etwas Altvertrautes wieder zusammen in unserer Familie. Das hätte ich gar nicht gedacht. Das bedeutet mir viel!«

Claudias Gesicht entspannt sich und macht Platz für ein leichtes Grinsen. Bunte Vögel fliegen über unsere Köpfe hinweg und sausen zickzack an den Palmen vorbei auf dem Weg zu etwas Dringendem. Das sanfteste Licht, das man sich vorstellen kann, sickert unsere Beine hinab und breitet sich vor uns aus. Am Himmel Aitutakis flackern, noch bevor die Sonne untergeht, die Sterne wie gebündelte Flammen über einem schwach leuchtenden Irrlicht.

»Und dann gibt es noch ganz andere Schwierigkeiten, viel weiter darüber hinaus – das ist eigentlich das Schlimmste«, fährt Claudia fort. »Ich werde die Fußballtabelle nicht mehr sehen. Ich werde nicht mehr wissen, wer an welcher Stelle ist. Ich werde wahrscheinlich so blöde, dass ich zu Schalke halte oder sowas. Das wäre doch eine Katastrophe sondergleichen«, lacht sie laut. »Das sind die wirklich schweren Fragen des Lebens. Was soll nur aus mir werden?«

DIE FISCHE IN DEN BÄUMEN

Unsere letzte Woche auf Aitutaki ist angebrochen, zumindest glaube ich das. Mittlerweile ist das Nichtstun zur Routine geworden. Wir wachen auf, wenn unseren Körpern danach ist, und gehen ins Bett, wenn die Sonne untergeht. Ich glaube, es sind schon Tage vergangen, seit ich das letzte Mal auf die Uhr geschaut habe. Ich kann allerdings nicht sagen, dass ich hier zur Ruhe kommen würde, da ich im Sekundentakt zwischen übermäßigem Nachdenken und tiefer Taubheit hin und her schwanke. Das Gleiche gilt für Claudia. Manchmal ist sie glücklich, manchmal tief in Gedanken versunken – wir beide sind ein ganz normales bipolares Paar im Paradies.

Nun sitzen wir auf einer Bank an der Südseite der Insel, als Claudia mir sagt, dass sie manchmal in den Palmen so etwas wie Gesichter sieht. Ich frage mehrfach nach, wie sie das meint, ob sie das genauer beschreiben kann. Claudia blickt nach oben, zieht die Augen zusammen und zeigt mit den Fingern hinauf. Sie beschreibt, dass sich die Muster aus Palmenblättern zu etwas formen, das ich nicht sehen kann. Eine Gabelung im Gestrüpp formt sich für sie zu einer älteren Frau, vielleicht fünfzig Jahre alt, und lächelt sie an. Andere Muster werden zu Fischen, die ihr zuwinken. Sie weiß ganz genau, dass die Frau und die Fische, die sie sieht, nicht wirklich existieren, aber in ihrem Kopf entstehen dennoch diese Bilder.

Erst denke ich, das könnte vielleicht ein Zeichen für etwas Schlimmes sein. Aber wer weiß? Wer bin ich denn, dass ich sagen könnte, dass meine Wahrnehmung die richtige ist? Vielleicht sind dort fremde Fische in den Bäumen und winken ihr zu, aber bleiben mir verborgen.

Gleichzeitig macht die Krankheit, dass es ihr unheimlich schwerfällt, bestimmte Dinge zu erkennen, die wiederum für mich klar scheinen. Kleine Texte, Bilder oder den Knopf auf einer Kamera – das erkennt sie einfach nicht mehr. Ein paar Tage zuvor hatte ich ihr ein Foto gezeigt. Darauf war ich mit einer guten Freundin und ihrem Hund zu sehen. Auf dem Bild sitzen wir in einem Park auf dem Rasen, und der junge Golden Retriever drückt sein Gesicht fest an meins. Aber ich musste Claudia erklären, was auf dem Bild zu sehen ist. Sie konnte nicht erkennen, wo der Hund beginnt und mein Gesicht aufhört. Es ist, als würde es sich nicht richtig für sie zusammensetzen. Wie einzelne Farbfragmente sind es nur Eindrücke, aus denen ihr Gehirn kein vollständiges Konstrukt formen will. Sie sagt: »Wie wir die Welt sehen, das versteht nur unsereins«, und ich frage mich, ob sie Farben wohl immer noch genauso wahrnimmt wie ich, ob sich die Gerüche verändern. Aber wie sollte ich jemals Antworten auf diese Fragen finden? So, wie Claudia über ihre Sinneseindrücke redet, wirkt das zumindest alles sehr schön. Die Muster und Bilder gefallen ihr, es klingt beinahe wie ein Spiel – ein Schauspiel, dem sie sich gern hingibt und das ihr Freude bereitet. Aber ich habe Sorge, dass diese Bilder irgendwann bedrohlich werden. Mir ist egal, welche Gesichter sie in den Bäumen sieht – ich will einfach nur, dass sie freundlich bleiben.

Claudia ist erschöpft und möchte zurück zu unserer Hütte gehen. Wir stehen auf und laufen ohne Eile los. Manchmal habe ich den Eindruck, wir leben auf Aitutaki ein gemeinsames neues Leben. Ich folge Claudia wie ihr Schatten von Zimmer zu Zimmer, von Strand zu Strand. Wenn sie Zigaretten sucht, weiß ich, wo sie sind, wenn sie lesen will, dann lese ich ihr vor, wenn sie spazieren will, gehen wir raus.

Zwanzig Minuten später sitzen wir auf meinem Bett, ich lese, und Claudia ruht sich aus. Sie hat den Kopf an die Wand gelehnt und die Augen geschlossen, aber ich weiß nicht, ob sie schläft. Mir fällt es schwer, mich auf mein Buch zu konzentrieren, und ich überlege stattdessen, ob ich den exakten Punkt ausmachen kann, an dem ich zum ersten Mal merkte, dass etwas nicht stimmt.

»Kannst du eigentlich sagen, wann dir aufgefallen ist, dass dein Kopf nicht mehr so funktioniert wie zuvor?«, frage ich.

Claudia öffnet die Augen und überlegt kurz. »Details aus der Vergangenheit sind nicht mehr meine Stärke, Junge«, lacht sie.

»Ja, stimmt. Sorry«, antworte ich und lächele sie an.

»Ich weiß, dass es sehr schleichend war. Ich war ja immer ein Mensch, der sehr genau denken konnte und auch sein ganzes Leben damit finanzierte. Als Erstes habe ich gemerkt, dass das Lesen irgendwie schwieriger wurde, als hätte ich etwas mit den Augen. Das ist ja auch hier so. Wenn ich lese, muss ich mich wahnsinnig anstrengen. Dieser Lesefluss, den ich auch in Lesungen immer nutzen konnte – der ist weg. Ich schaffe den Spagat zwischen Buchstaben und Verstehen nicht mehr. Das hat mich sehr irritiert am Anfang, und ich glaube, das war's. Das war das Erste, was mir auffiel.« Claudia blickt mich an. »Und du? Weißt du, wie es angefangen hat?«, fragt sie.

Ich schlage mein Buch zu und lege es an meine Seite. »Ich habe es wahnsinnig lange nicht ernst genommen.« Wenn ich daran zurückdenke, kommt sofort ein schlechtes Gewissen in mir auf. Andererseits weiß ich natürlich, dass auch eine frühere Erkenntnis nichts am Verlauf hätte ändern können. »Du wirktest immer so fit und gesund. Eine Zeit lang hast du häufig betont, dass du nicht mehr so denken kannst wie vorher. Aber ich hab das einfach als Elterngequatsche abgetan. Peter sagt ja auch immer, dass er Dinge vergisst. Aber dann wurde es ganz plötzlich doch besorgniserregend schlimmer.« Ich schlucke und denke zurück an einen Abend im Sommer vor einem Jahr. »Wir waren einige Wochen vor deinem Anfall zusammen in einem indischen Restaurant. Wir hatten gerade erst fertig gegessen, da fragtest du mich, ob wir schon gezahlt hätten. Dabei war völlig klar, dass wir natürlich noch nicht gezahlt hatten. Das hat mich damals schon irritiert. Und als wir aus dem Restaurant rausgegangen sind, bist du einer entfernten Bekannten auf der Straße in die Arme gelaufen. Sie hat dich begrüßt, und du konntest sie partout nicht zuordnen. Wir waren bestimmt schon hundert Meter weitergelaufen, als du dich umdrehtest und ihr hinterhergelaufen bist, weil dir eingefallen war, dass du sie eigentlich sehr gut kennst. Du kamst kopfschüttelnd zu mir zurück und warst stark verwirrt. An diesem Tag habe ich es das erste Mal etwas ernster genommen. Ich bin danach zu Tim, einem meiner engsten Freunde, gegangen und habe ihm gesagt, dass ich mir etwas Sorgen mache. Und dann dauerte es keine drei Monate mehr, bis du deinen Anfall hattest.«

Claudia schüttelt ungläubig den Kopf. »Und hier auf Aitutaki? Merkst du es hier auch so stark? Wie fühlt es sich an für dich?«, fragt sie.

»Ja, natürlich merke ich es. Du bist einfach unselbstständiger als früher.«

Immer wieder dieselbe Frage, und trotzdem lässt mich das Bedürfnis nicht los, völlig ehrlich zu ihr zu sein. Als würde ich sie als Mutter aus der Hand geben, wenn ich nicht in jedem Moment klare Kante zeige und ihr alles sage, was ich denke und fühle, so wie vor ihrer Erkrankung. Sie will Ehrlichkeit, und die will ich ihr geben.

»Wir hatten eine Situation beim Essen vor ein paar Tagen. Manchmal fühlt es sich an, als wäre ich ein Helikoptersohn. Ich umkreise dich bei allen Schritten und Verwirrungen. Als müsste ich mich um alles kümmern und alle Sachen auf dem Schirm haben. In diesem Moment war ich davon etwas überfordert, und du hast diese Überforderung gespürt. Du dachtest dann, du würdest mir auf die Nerven gehen und ich ertrage dich nicht mehr. Bestimmt für eine Dreiviertelstunde hast du wieder und wieder gefragt, ob ich sauer bin, ob ich eigentlich hier sein will, und gesagt, was für eine Last du mir sein musst. Ich habe das immer wieder verneint und erklärt, dass ich einfach erschöpft bin. Und als du wieder fragtest, habe ich laut ausgeatmet – das muss bei dir den Schalter umgelegt haben. Ich habe dein Gefühl für den Rest des Abends nicht beruhigen können. Alles, was ich danach noch sagte, ist nicht mehr so richtig angekommen. Du wolltest dein Abendessen nicht aufessen und warst richtig verängstigt. Ich habe dann recht schnell bezahlt, und wir sind zurück zur Hütte gegangen. Als ich mich an dem Abend ins Bett gelegt habe, lag ich noch lange wach – habe viel nachgedacht. Und da habe ich mich gefragt, ob die Zeit einfach vorbei ist, wo ich meine eigenen Bedürfnisse und Schwächen verbalisieren kann. Ob da noch Raum für uns als Mutter und Sohn ist. Oder ob ich ab jetzt nur noch funktionieren muss.« Ich blicke zu Claudia hinüber, und ich sehe, dass meine Worte sie verletzen. Dass es ihr leidtut.»Ich spüre es an einer starken Erschöpfung, wenn ich ins Bett komme. Wenn ich alleine bin, bin ich nur platt. Du scheinst immer die Sorge zu haben, dass ich eigentlich zu Hause sein will. Klar vermisse ich meine Freunde. Ich liebe es, dass ich mit ihnen zusammenarbeite – natürlich vermisse ich das auch. Aber an keinem Punkt wäre ich gerade lieber dort als hier. Das ist wichtig, dass ich hier bin; das weiß ich auch. Aber es ist anstrengend. Es ist irritierend. Und manchmal frage ich mich, wie viel du davon mitbekommst. Ich will nicht einsehen, dass es nicht mehr eine Beziehung auf gleicher Ebene ist. Kann ich auch einfach nur ein Sohn sein? Vielleicht wäre mir das leichter gefallen, hätte ich mich darauf eingestellt. Aber ich hab nicht damit gerechnet. Das hab ich nicht verstanden. Ich hatte nicht genug Zeit mit dir verbracht, um zu verstehen, dass das alles schon so ist.«

Claudias Blick schweift ab. Sie starrt mitten ins Laken.»Es war mal umgekehrt«, sagt sie.»Du warst ein Baby und ich deine Mutter. Ich hab dich gekriegt, hab dich rausgeschaukelt. Und du warst so schutzlos, die ersten zwei Jahre habe ich dich ganz besonders hüten müssen. Weil du einfach ein ganz, ganz kleines Kind warst. Deshalb hab ich nicht so ein ganz großes schlechtes Gewissen. Ich denke, ich habe viel gegeben, als ich sehr potent war. Ich habe mit euch in Moskau gelebt, und da musste ich sonst was schaffen. Ich musste mir da alles selbst überlegen und hinkriegen. Und ich habe es hingekriegt – ziemlich gut sogar. Aber diese Kraft ist jetzt weg. Glaub mir, ich tu mir da auch selber leid. Es ist ... Ich sehe es nicht so deutlich, wie du mir das eben erzählt hast. Das zu hören ist für mich auch ein ganz schöner Schrecken. Das ist schon echt ... weiter, als ich dachte. Aber ich kann nichts dagegen tun.«

Sie blickt durch das Fenster nach draußen, wo das kleine Schweinchen vor der Veranda um die Palmen tappst. Ihre Arme hat Claudia die ganze Zeit über ihrer Brust verschränkt, und obwohl es im Zimmer mehr als angenehm warm ist, reibt sie sich mit beiden Handflächen unablässig über die Oberarme. Sie starrt auf ihre nackten Füße, deren großer und zweiter Zeh aneinander hin und her reiben. Ihr Gesichtsausdruck schwankt zwischen Trauer und Elend. Keines der Bücher, die sie geschrieben hat, und nicht einmal Greulichs Ratschläge hatten sie auf diese Situation vorbereitet. Nichts hätte das gekonnt.

»Weshalb bin ich hier, Lukas?« Sie sieht nicht zu mir auf, und in diesem Moment weiß ich nicht, ob sie unseren Aufenthalt auf Aitutaki oder ihre gesamte Existenz meint. Dann spricht sie weiter. »Ich sauge dieses Bild, das vor mir ist, diese Palmen, dieses wunderschöne Meer, deine Gegenwart, das Essen, die fremde Kultur, ganz tief ein. Ich sauge sie so ein, weil ich das brauche. Ich brauche diese schönen Bilder für noch viel düsterere Zeiten, verstehst du? Mein Verstand, der immer brillant war, ist zerschmettert. Das ist zum Kotzen, wirklich. Das Einzige, was ich noch habe, ist meine Empfindung. Ich bin nur noch Empfindung. Nur noch ein Gefühl. Da ist nicht mehr der Kopf, der dies und das einordnen kann. Nur noch Weichheit. Nur noch Gefühl. Und da hilft mir so eine unglaublich schöne Palme, die ich dauernd anschauen kann. Und dieses reizende Wetter. Dieser Sturm. Der Wind, so wunderschön. Nicht zu heiß, nicht zu kalt. Du kannst dir gar nicht vorstellen, wie sehr ich das jetzt brauche. Ich brauche einfach unbedingt ein anderes Bild. Das Bild, das auf mich wartet, ist, wenn ich Pech habe, der Aufenthalt in irgendeiner Scheißklinik für Bekloppte. Und ich finde, das ist eine der fiesesten Arten zu verrecken. Verstehst du, ich hänge jetzt an deinem Verstand. Ich schaffe es nicht mehr. Deshalb ist es auch so schwer für dich, ich versteh das, Junge. Ich laufe dir hier die ganze Zeit nur hinterher. Ich kenne meine Orientierungslosigkeit. Die ist furchtbar. Ich kriege sie ja mit. Auf der anderen Seite des Flurs hier, diese lächerliche Scheiße mit den drei Türen. Ein Badezimmer, ein Klo und die dritte ...« Claudia schüttelt wütend den Kopf und blickt mich fragend an.

»Zwei Türen«, flüstere ich

»Zwei Türen! Zwei Scheißtüren!«, brüllt Claudia. Ihre Lippen zittern, und sie beißt die Zähne fest zusammen, während ihre Augen zu Tränen anschwellen. Sie blickt mir tief in die Augen, und ich kann den Blickkontakt kaum halten. »Und ich finde ständig nicht das Klo. Und dann malst du mir ein Bild drauf, auf dem steht ›WC‹. Wie blöd kann man sein? Mit meiner Intelligenz konnte ich alles neu machen, anders machen, Träume verwirklichen, Bücher schreiben, Filme machen. Und jetzt ... Jetzt finde ich nicht mal den Weg zum Klo. Was kommt als Nächstes? Dass ich in den Flur scheiße? Machst du das dann auch weg? Ich kann dieses Gefühl keine Sekunde länger ertragen, aber die Sekunden kommen und kommen und werden länger und länger. Ich werde hier lebendig begraben, verstehst du? Ich hab dich noch nie so gebraucht wie jetzt, Lukas. Halt es nur noch ein klein bisschen aus, bitte!«

Claudias Stimme bricht, und sie fängt bitterlich an zu weinen. Ich ziehe sie fest in meinen Arm. So viele ihrer Tränen drücken sich durch den Stoff meines T-Shirts, dass ich die Nässe auf meiner Schulter spüren kann.

Das Besondere an Claudia und mir war schon immer, wie ernst und ehrlich wir miteinander waren. Aber als sie jetzt in meinem Arm weint, spüre ich, dass das in Zukunft nur noch bedingt geht. Komplett ehrlich sein. Natürlich will ich ihr die Wahrheit sagen und offen erzählen, wie ich ihre Krankheit und sie erlebe und wahrnehme. Aber ich bin auch verantwortlich für ihre Verzweiflung und ihren Kummer, der daraus entsteht. Alles, was ich sage, hat Gewicht. Draußen ist es bis auf das blecherne Zischen des alten Heizungsboilers und das hungrige Grunzen der Schweine vergleichsweise still. Es ist, als würde Aitutaki eine Schweigeminute für uns einlegen. Es schaudert mir bei dem Gedanken an die rasende Ohnmacht, die Claudia empfinden muss, verloren und orientierungslos, immer wieder beinah im Kreis irrend, die Zeit vergessend, nicht einmal wissend, welches verdammte Datum es ist. Und in diesem Vergessen dennoch mit dem Charakter und dem Verstand bewaffnet, sich gegen den Alzheimer auflehnen zu wollen. Ein Kampf, den sie unmöglich gewinnen kann.

Ich stelle auf dieser Reise immer wieder fest, dass ich aufpassen muss. Ich bin verantwortlich. Dafür, dass sie Ruhe hat. Dass es ihr so gut geht, wie es ihr gehen kann. Zumindest hier. Ich bin wütend auf mich, dass ich so lange gebraucht habe zu verstehen, wie schwer diese Form von Ehrlichkeit für sie ist. Claudias Alzheimer kommt in Wellen und oft dann, wenn ich nicht damit rechne. Es gibt ganz klare, lichte Momente, in denen ich denke, dass es doch gar nicht so schlimm sein kann. Da fühlt sich die Krankheit beinah an, als könne ich sie irgendwie bezwingen. Und in anderen Momenten ist Claudia nichts anderes als pure Verzweiflung. Und dann steh ich da und will sie einfach nur retten.

Ich wische Claudias Tränen aus ihrem Gesicht und halte meine Stirn an ihre. »Es tut mir so leid. Wirklich. Ich bin für dich da. Lass dich fallen. Ich halt das aus!«

Claudia atmet so laut aus, als sie das hört, als hätte sie für Minuten die Luft angehalten. Noch eine ganze Weile sitzen wir Arm in Arm auf dem Bett, ihr lautes Schluchzen hallt immer wieder laut durch den kleinen Raum. Draußen ist es der sonnigste Tag, den wir auf Aitutaki bislang gesehen haben. Das Wetter steht im perversen Kontrast zu der Verzweiflung in diesem kleinen Zimmer am Ende der Welt. Das Ferkel steht schnüffelnd vor der Tür zu unserer Veranda und grunzt. Claudia gibt einen kleinen Laut von sich, der eigentlich ein Lachen sein sollte, doch wie ein dumpfer Windstoß klingt, der sich auf einen Schlag aus ihrer Lunge befreit.

»Ich hasse es, diese Verantwortung an dich übertragen zu müssen«, setzt sie dann wieder an. »Ich hatte das noch nie. Ich fand es immer gut, dass ich mein Leben selbst in der Hand hatte. Und jetzt muss ich mich umsorgen lassen. Das ist ein grausames Gefühl. Aber vielleicht ist das die Übung …« Claudia hält inne, löst die feste Umarmung und sieht mich eindringlich an. »Die Übung, Ruhe auch in dieser Existenz zu finden. Dieses widerliche ›Lebe den Tag‹ – das klingt so doof. Ich hasse das eigentlich. Aber wahrscheinlich ist es das. Heute ist es nämlich sehr schön. Ich kenne und erkenne dich. Ich finde, ich bin noch nicht so stark verwirrt. Wahnsinn. Je brillanter der Verstand, desto schlimmer ist es, wenn er geht. Wäre ich ordentlich doof – wäre es vielleicht einfacher? Wer weiß.« Sie lacht noch einmal auf, und diesmal klingt es auch wieder wie ein Lachen. »In meiner Kindheit hatte ich wunderbare Nachbarn auf unserem Dorf. Die waren so herrlich süß blöd. Und ich habe so viel Freude an denen gehabt, weil ich die immer ein bisschen reinlegen konnte – fies, wie ich war. Aber die haben ein richtig gutes Leben gelebt. Die konnten alles Mögliche machen. Die haben Häuser gebaut – ich hab nie irgendein Haus gebaut oder so viel hingekriegt wie die. Die haben das alles aber geschafft. Da fragt sich doch, was Intelligenz eigentlich ist? Nur dumm herumreden oder wirklich ordentlich was bauen, was machen? Vielleicht braucht man den Verstand gar nicht so sehr.« Dann wandert ihr Blick wieder ins Nichts.»Und wenn ich dann in einem Heim bin irgendwann, dann bin ich ja nur dort, weil ich früher oder später sterben *muss*. Je gesünder ich bin, desto länger belaste ich die Gesellschaft. Wenn ich Filme sehe mit Alzheimerkranken in Heimen, dann haben die immer einen kleinen Schreck in den Gesichtern, scheint mir. Die ducken sich ein wenig weg. Davor habe ich große Angst. Wenn ich nur wüsste, wie man sich fühlt dort. Dann könnte ich das alles besser schaffen. Es ist aber nicht die Hilflosigkeit, sondern vor allem die Tatsache, dass plötzlich andere sich um mich kümmern müssen. Das hatte ich doch noch nie. Nie hatte ich das.«

Ich schiebe die letzten Tränen aus Claudias Gesicht, und für ein paar Minuten sitzen wir wieder schweigend da. Es gibt nichts mehr zu sagen. Aber wenn es so schwierig wird wie jetzt, werden langweilige Tätigkeiten wie das Sitzen viel weniger langweilig. Zwei Menschen in einem stillen Raum starren die Wand an und hören die Schweine grunzen. Manchmal tut es schlichtweg gut, gemeinsam zu leiden. Es ist, als würde ich ausatmen, wenn sie ausatmet, und umgekehrt. Unsere Gemeinsamkeit durchdringt den Raum und überdauert dadurch. Claudia und ich erkennen, dass es für manche Probleme keine Lösungen gibt und dass sie einfach ertragen werden müssen. Aber dabei nicht allein zu sein füllt die Leere und wechselt die Glühbirne am Ende des Tunnels. Nur das macht es möglich, inmitten einer Panikattacke müde zu werden und einzuschlafen.

Eine Stunde Schweigen später liegt Claudia schlafend auf meinem Bett und atmet laut wie ein Taucher. Ich schleiche mich hinaus in der Hoffnung, dass ihr Kummer ein bisschen leichter wird, wenn sie aufwacht. Alois' Versprechen, jede Nacht die Tafel zu wischen, erfüllt sich, wenn alles schläft. Ich habe schon so vieles im Umgang mit Claudia falsch gemacht. Gott sei Dank habe ich jeden Tag eine neue Chance.

DER GANZE APFEL

Es ist noch früh am Morgen, und wir wachen mit der Insel auf. Nur noch ein paar Tage, bevor wir wieder nach Los Angeles und anschließend zurück nach Deutschland reisen. Wie viele Tage es genau sind, weiß ich gar nicht. Ich habe jedes Gefühl für Zeit verloren und müsste schon aufs Handy gucken, um mir sicher zu sein, wann wir genau abreisen. Aber auch wo mein Handy sein könnte, ist mir schleierhaft. Es muss irgendwo in meinem Gepäck vergraben sein. Wenn es mich vermisst, wird es schon wieder auftauchen, denke ich.

Ich kann mir gar nicht vorstellen, wie sich eine Rückkehr anfühlen soll, zu sehr habe ich mich an den Inselalltag gewöhnt. Wir genießen den dunklen, schwarzen Kaffee auf der Veranda, und ich unterhalte mich mit unserer Gastgeberin Milla, die ihr jüngstes Kind tröstet, das einen dieser mürrischen Tage zu haben scheint. Während des Gesprächs verzieht Milla plötzlich schockiert das Gesicht und deutet mit dem Finger hinter mich. Die große Sau hat das Seil losgerissen, mit dem sie am Baum festgebunden war, und läuft nun frei über die Wiese. Milla schubst mich nach vorne und bittet mich freundlich, aber bestimmt, das Schwein zurückzuholen.

»Los geht's, Junge! Zeig's ihnen!«, brüllt Claudia, legt die Füße auf den Tisch, grinst breit und nimmt einen kräftigen Zug von ihrer Zigarette, als wäre sie ein italienischer Mafioso aus den 50er-

Jahren. Die beiden älteren Kinder haben nun ebenfalls den Aufruhr bemerkt und ihre morgendliche Müdigkeit augenblicklich vergessen. Sie rennen aufgeregt um mich herum und können es kaum erwarten, dass der deutsche Stadtjunge die Schweinetyrannin bezwingt.

Vor Aitutaki habe ich vielleicht zweimal in meinem Leben Schweine aus der Nähe gesehen, allerdings nie ohne Zaun dazwischen. Die Sau scheint benebelt vom Geruch der Freiheit und zielt ohne Gnade auf die Mülltonnen hinter dem Haus mit den Essensresten, die normalerweise an ihre Jungen verfüttert werden. Wenn Schweine einen Speichelreflex haben, dann macht sie Pavlov gerade stolz. Ich renne hinter ihr her und versuche das Seil zu greifen, das immer noch an ihrem Hals befestigt ist und über den Rasen schleift. Meine nicht vorhandene Hand-Augen-Koordination, die mich schon beim Tischtennis-Rundlauf auf dem Schulhof im Stich ließ, bleibt mir weiter vergönnt, und ich greife wiederholt ins Leere. Ich stolpere über die Wiese wie der Butler aus *Dinner for One,* und meine Mutter hält sich vor Lachen den Bauch. Claudia fällt grölend aus ihrem Stuhl, die Kinder springen schreiend vor Freude um mich herum, und selbst das Baby scheint getröstet. Gestatten: Lukas Sam Schreiber, zuständig für das Insel-Entertainment – Sie haben gerufen, hier bin ich.

Endlich kann ich das Seil greifen, aber das Schwein ist viel durchsetzungsfähiger und willensstärker, als ich erwartet habe. Im bedeutsamsten Tauziehwettkampf meines Lebens gelingt es mir schließlich, die Sau zurück zu ihrer Palme zu zerren. Gut zehn Minuten vergehen, bis ich sie festgebunden habe und mit ein paar frischen Kokosnüssen füttere, um sie für unseren Konflikt zu entschädigen. Schweißgebadet gehe ich zurück zu Claudia, die ihr

Lachen noch immer nicht unterdrücken kann. Sie umarmt mich, drückt mir einen Kuss auf die Stirn. Eine Pause habe ich mir verdient, und so verbringen wir die nächsten Stunden lesend in der Sonne.

Als ich Claudia am Nachmittag mit dem Roller über die Insel fahre, entdeckt sie ein Schild am Straßenrand. Es bewirbt eine Art Energiemassage. Claudia tippt mir aufgeregt auf die Schulter und bittet mich, umzudrehen und sie dorthin zu fahren. Kurz bin ich verwirrt, doch ich gebe ihrem Wunsch nach und biege kurz darauf in einen Vorgarten ein, der maßgeblich aus Palmen und Gestrüpp besteht.

Auf dem Rasen stehen drei oder vier zusammengeschweißte Schiffscontainer. An der linken Seite führt eine Treppe in ein rostiges Loch im Metall – das ist die Tür. Eine Frau kommt aus dem Loch hervor und begrüßt meine Mutter. Wir erfahren, dass sie aus Neuseeland stammt, seit zehn Jahren auf Aitutaki lebt und erst vor ein paar Wochen einen neuen Container an ihre Hütte angebaut hat, in dem sie nun ihre speziellen Massagen anbietet. Die Dame führt meine Mutter und mich in den vorderen Raum. Die Massage würde rund eine Stunde dauern, sagt sie, ich könne im rechten Container warten. Meine Mutter lächelt, ich nicke ihr zu und verziehe mich in besagten Metallraum, der wohl eine Art Wohnzimmer sein soll.

Es fühlt sich an, als stünde dieselbe Luft schon seit Jahren in diesem Container. Eine nicht vorstellbare Menge an Räucherkerzen muss hier Tag für Tag abgebrannt worden sein, und da der Rauch keinen Weg zur frischen Luft finden konnte, klammerte er sich über Jahre hinweg an jedes Metall, Holzstück und Textil, das er hier fand. Ein helles Batiktuch, das über die Decke gespannt wurde, ist an einigen Stellen so gelb angelaufen wie die Finger von langjährigen Rauchern. Die einzigen rostfreien Stellen der Metallwände sind die Schweißnähte, mit denen die Containerhälften verbunden wurden. Davon abgesehen ist der Raum aber sehr stilvoll aufgeteilt. An der rechten Seite erstreckt sich ein Bücherregal, perfekt an die niedrige Höhe des Containers angepasst, und als Tisch vor dem Sofa fungiert ein riesiger Stein, beinah ein Fels, von dem mir unklar ist, wie er je hier hereingetragen werden konnte. Dann erinnere ich mich an die muskulösen Rugbyspieler, von denen Aitutaki nur so wimmelt. Wenn es einer schafft, ein halbes Gebirge in einen Schiffscontainer zu hieven, sind es diese Männer. Dennoch ist dieser Raum von einer seltsamen, fast schon hässlichen Romantik durchdrungen. Es sollte hier nicht schön sein, aber so ist es. Es sollte nicht so gemütlich sein, aber ich könnte nicht entspannter sein. Es könnte nicht fremder sein, und doch fühle ich mich hier zu Hause.

Beeindruckt davon, wie wunderschön ein paar olle Schiffscontainer im Paradies doch eingerichtet werden können, blicke ich mich noch immer um, als es zu regnen beginnt. Erst sind es nur einzelne Tropfen, die auf das Metalldach prasseln. Nach und nach entfaltet sich jedoch das volle Klischee eines Pazifikregens, und es klingt, als würde eine zwanzigköpfige irische Stepptanzgruppe auf dem Dach des Wohnzimmercontainers tanzen. Der Rhythmus des prasselnden Regens bohrt sich mit einer Wucht in mein Herz und schenkt mir plötzlich eine tiefe Ruhe. Es ist das erste Mal seit Beginn unserer Reise, dass ich allein bin und meine Mutter in Sicherheit und gut betreut weiß. Vielleicht war mir vorher nicht bewusst, wie viel Druck diese Situation für mich bedeutet.

Ich lasse mich rückwärts in die bunten Sofakissen fallen. Mein Blick verfängt sich an der niedrigen Decke des Containers, und ich schäme mich, dass ich diesen Umständen nicht viel besser gewachsen bin. Sollte ich als erwachsener Mann nicht in der Lage sein, mit der Situation umzugehen? Aber wer zur Hölle ist schon erwachsen?

Ich weiß noch, wie früh Claudia versuchte, mir ein Gefühl des Erwachsenseins zu vermitteln. Ich war gerade vierzehn, als sie mich aus heiterem Himmel anrief, um mir mitzuteilen, dass ich mich von nun an nie mehr verpflichtet fühlen sollte, sie jemals anzurufen. Ich war nur kurz auf dem Weg zum Supermarkt und hatte sie noch Stunden zuvor gesehen. Doch irgendetwas muss sie in diesem Moment geritten haben, als sie so dringend das Bedürfnis verspürte, mir zu sagen, dass ich von nun an *erwachsen* sei. Für Claudia bedeutete das, dass ich mich nicht mehr verpflichtet fühlen sollte, sie zu kontaktieren, sagte sie. »Du bist kein Muttersöhnchen«, log sie noch. Ich freute mich über die Erklärung meiner Unabhängigkeit, aber ich wusste nicht so recht, was ich mit dieser Information anfangen sollte. Schließlich wird man nicht von einem Tag auf den anderen erwachsen, und was Erwachsensein wirklich bedeutet, ist mir bis heute unklar.

Ich musste ans Ende der Welt reisen, um diesen Heidegger'schen Moment zu erhaschen, in dem ich erkannte, dass Erwachsensein auch bedeutet zuzugeben, dass ich meine Jugend für etwas aufgeben muss. Wir Menschen opfern die Unbeschwertheit der Jugend einem anderen Menschen, einer Verantwortung, einer Idee oder der Kunst. Dieses schreckliche Versprechen, die Jugend für etwas Größeres zu opfern, scheint das Geschenk des Erwachsenseins zu sein. Vielleicht ist man erst dann erwachsen, wenn man jemanden mehr liebt als sich selbst? Vielleicht, wenn wir aufhören, einfach nur dagegen zu sein? Oder wenn wir nicht mehr dauernd darüber nachdenken, was Erwachsensein wirklich bedeutet ...? Was auch immer Erwachsensein bedeuten soll, mir ist's recht.

Es fühlt sich nur wie Minuten später an, als Claudia durch eine rostige Lücke in meinen Container tritt und lächelt. In der Zwischenzeit war der Regen so schnell verschwunden, wie er begonnen hatte.

»War's gut?«, frage ich.

»Ahhh«, stöhnt Claudia zufrieden. »Das war ganz wundervoll. Am Ende hat sie ein bisschen viel mit Räucherstäbchen rumgefuchtelt. Aber sonst hab ich's sehr genossen. Schön!«

Hinter ihr drückt sich nun auch die Neuseeländerin in den Raum und blinzelt mir, wie in Zeitlupe, sinnlich zu. Die Dame ist wahnsinnig nett und erzählt uns ausführlich, was für einen energetischen Schutzfilter sie meiner Mutter zum Abschluss noch verpasst habe und wie dieser sie vor bösen Geistern beschützen werde.

»Was sagt sie?«, fragt Claudia.

»Sie sagt, du hast jetzt einen energetischen Schutzfilter«, antworte ich.

»Ach du Scheiße. Ist das ansteckend?«, fragt Claudia und versucht sich ein Grinsen zu verkneifen. Die Neuseeländerin freut sich über unsere gute Stimmung, und ich drücke ihr dankend das Geld in die Hand. Eigentlich recht billig für eine Massage inklusive Schutzfilter und ohne Mehrwertsteuer.

Als wir uns verabschieden, macht sie mich noch darauf aufmerksam, dass der Schutzfilter maximal eine Woche halten wird und Auffrischung benötigt. Übermäßiger Alkoholkonsum würde ihn allerdings schon früher erlöschen lassen. Ich übersetze auch diesen Teil an Claudia, die nicht weiter darauf reagiert und der Dame zum Abschied winkt. Die Neuseeländerin schwebt daraufhin in den Wohncontainer zurück.

Claudia schwingt ihr Bein über den Sitz des Rollers und steigt lachend auf. Sie greift nach meinem Helm und reicht ihn mir.

»Jump on, Baby«, fordert sie mich auf.

»Ich könnte einen Drink vertragen«, sage ich und greife nach dem Helm.

»Endlich spricht hier jemand meine Sprache. Wir haben noch einen Schutzfilter wegzusaufen.«

Ich grinse sie an, werfe mich auf den Roller und fahre uns in eine kleine, aber recht vornehme Strandbar an der Südseite der Insel.

Eine knappe halbe Stunde später sitzen wir an einem kleinen Tisch neben der Bar und bestellen eine zweite Runde Cocktails mit ordentlich Umdrehungen und Schirmchen. Claudia beugt sich ganz langsam zu mir herüber. Sie kommt mit ihrem Gesicht nah an mich heran, ihr ganzer Körper ist weit über den Tisch gelehnt, und sie flüstert: »Ob sie wissen, dass sie im Paradies sind?«

Sie kreist ihren Kopf in Richtung der anderen Tische, die von der Bar bis kurz vor den Saum des Meeres aufgestellt sind. Die Tische, die am nächsten am Meer stehen, sind dem Wasser so nah, dass schon eine kleine Welle sie erreichen würde. Aber es gibt keine Wellen – nicht auf Aitutaki.

Die wenigen Touristen, die nach Aitutaki reisen, scheinen allesamt mit uns in dieser Bar zu sitzen. Vier oder fünf ältere Paare um die siebzig sitzen an den Tischen und schweigen sich an. Die Einzigen, die sich hier unterhalten, sind Claudia und ich. Ein auffällig gekleidetes Paar sitzt direkt neben einem Felsen am anderen Ende der Bar.

»Er ist ein reicher deutscher Geschäftsmann«, sagt Claudia und rollt ihre Augen geheimnisvoll in Richtung des Paars. »Jahrzehntelang hat er seiner Frau eine Weltreise versprochen. Immer wieder haben beide geplant und es doch nie gemacht. Das große Abenteuer wurde immer wieder verschoben. Letztes Jahr ist er endlich in Rente gegangen. Viele, viele Jahre später als gedacht. Nun sind die Kinder längst aus dem Haus, die großen Herausforderungen des Alltags bezwungen und ihre Rente würde für fünf Leben reichen. Also endlich Zeit, den Traum zu erfüllen, über den sie seit Jahren gesprochen haben.«

»Dafür sehen sie ganz schön unglücklich aus«, erwidere ich.

Claudia nickt. »Ich sag ja – vielleicht wissen sie nicht, dass sie längst im Paradies sind.«

»Geld löst nicht alle Probleme, aber wenigstens alle Geldprobleme. Manchmal reicht das schon, um halbwegs glücklich zu sein.«

»Ich glaube nicht, dass die beiden unglücklich sind«, erwidert sie. »Sie sind eher müde. Vielen macht es mehr Spaß, etwas zu wollen, als es dann wirklich zu haben. Wenn man zu lange sucht, merkt man nicht mehr, wenn man es gefunden hat.«

Claudia und ich haben das früher häufig gemacht. Egal wo wir waren, haben wir uns irgendwelche Geschichten zu den Menschen um uns herum erzählt. Aber das letzte Mal ist schon lange her. Wann immer Claudia solche Geschichten erzählt, hat sie die Angewohnheit, erst auf die eine und dann auf die andere Seite zu schauen, bevor sie etwas sagt. Dann inszeniert sie die Szene als wäre sie eine KGB-Agentin und flüstert geheimnisvoll. Es ist unmöglich, nicht zu schmunzeln, wenn sie beginnt, so zu erzählen. Claudia hat schon immer betont, dass die besten Geschichten mitten im Leben stattfinden. Die Arbeit als Autorin fällt so viel leichter, wenn man sich nicht immer selbst etwas ausdenken muss, sondern protokolliert, sagte Claudia häufig.

Als ich dreizehn Jahre alt war zum Beispiel, wenige Jahre nach der Trennung meiner Eltern, sind Claudia und ich in einen Cluburlaub in die Türkei gefahren – nur wir beide. Wir saßen in einem Bus zu einem Ausflug, als ich gerade ansetzte, um etwas zu erzählen und Claudia mir ihren Zeigefinger auf die Lippen drückte. Vor uns saß ein älteres Ehepaar, mit einem starken pfälzischen Akzent und unterhielt sich laut.

»Ah ja, schau mol 'ne Dankschdelle.«

»Ajo, gugg. Und we billich, doll. Und do is widder a große Balm.«

»Ajo, gugg an.«

»Wär schun schää, wenn's in Mannem au Balma gäb.«

»Ajo, aber man kann ned alles hawwe, ned wahr?«

Claudia grinste und holte ihr Notizbuch heraus. »Das ist hervorragend, Lukas. Die sprechen über nichts und trotzdem so viel. Das ist Literaturgold!«

Für die nächste halbe Stunde lauschten wir ganz still ihrem Gespräch und schrieben mit. Claudia war von Natur aus Gafferin, geboren um zu lauern, zu schauen und zu lauschen. Und selbst jetzt auf Aitutaki hat sie ihn noch immer, diesen besonderen Blick, der von Person zu Person schweift und die Gesichter studiert. Situationen, die für andere wie Alltag wirken, sind ein gefundenes Fressen für Schriftstellerinnen.

Über die Jahre konnte Claudia aus den Gesprächen und Erfahrungen von Dutzenden, vielleicht sogar Hunderten von Menschen schöpfen. Manchmal entsprang diesen Momenten nur eine kleine Idee oder ein winziger Dialog – andere Male wurden sie zum Kontext für ein ganzes Buch.

Und so lehnt sich Claudia auch auf Aitutaki weit in ihren Stuhl zurück, zündet sich eine Kippe an und blickt von einem Tisch zum anderen. Das Paar, das sich zuvor nur angeschwiegen hatte, steht nun auf, und der Mann ergreift liebevoll die Hand seiner Frau. Claudias Blick verdunkelt sich plötzlich.

»Ich hab es ein wenig versemmelt mit den Männern«, sagt sie und starrt nachdenklich ins Leere. »Hätte ich das damals doch alles ein bisschen besser hinbekommen, dann hätte ich heute vielleicht jemanden, der mich liebt und mir hilft. Wenn ich mir die Paare hier ansehe, finde ich das schon sehr schade. Ich bin froh und stolz darauf, wie du und dein Bruder mich unterstützt, aber das ist ja nicht dasselbe, als wenn mich jemand küsst, liebt und umsorgt. Kein Mann verliebt sich in eine blöde Frau – umgekehrt ja auch nicht. Niemals hätte ich mich damals in einen doofen Mann verliebt. Durch meine Krankheit kann ich das final abhaken.« Ihr Blick wandert nun ziellos über die Tische hinweg. »Ich glaube, ich war in meiner letzten Beziehung schon ein bisschen auffällig, was das angeht. Vielleicht war es sogar der Grund, warum der mich dann verlassen hat. Das ist doch Scheiße! Ich bin doch trotzdem noch eine Frau, und was das heißt, habe ich nicht vergessen. Ich weiß immer noch, wie sich Knutschen anfühlt. Ich weiß immer noch, wie schön das ist. Und jetzt zu wissen, dass das für immer gelaufen ist, das tut weh.« Claudia blickt mich fragend an.

Diese Momente voller Reue überkommen sie mehrmals am Tag. Ich versuche sie mit Witzen und guter Laune zu umschiffen, aber sie wallen doch immer wieder auf. Meist bleiben mir nur wenige Sekunden, um zu reagieren und sie von tiefer Verzweiflung abzuwenden.

»Und wie hat Greulich geliebt?«, frage ich, da Gespräche über Greulich sie eher nostalgisch als wehmütig stimmen.

Für eine Weile sagt meine Mutter nichts. Ihr Blick starrt wieder ins Leere, und ihr Gesicht verrät, dass ihr ein Gedanke nach dem anderen entgleitet. Plötzlich wird der Ausdruck weicher, und sie lacht: »Oh, er war auch kein Heiliger.« Ich bin erleichtert, denn in diesem Moment glaube ich, dass ich die üblichen Fallen, in die ich zu tappen gewohnt bin, vermieden habe. »Das hätte ich auch nicht gut gefunden«, fährt sie fort. »Er war einfach ein großartiger Mensch und hat gelebt. Bis zu seinem Tod war er beinah sechzig Jahre mit seiner wunderbaren Frau verheiratet. Die beiden hatten eine tolle Beziehung miteinander. Aber ich weiß, dass er sich über die lange Ehe hinweg auch mal in eine andere Frau ... na ja, ich sage mal, verguckt hatte.«

»Hattet ihr mal was miteinander?«, frage ich, obwohl ich die Antwort kenne.

»Nein, nein!« Claudia schüttelt den Kopf. »Der war immer sehr schön väterlich mit mir, und das war auch richtig so. Das war nie die Form von Verbindung, die wir miteinander hatten. Aber ich weiß noch, da saßen wir mal gemeinsam in seiner Küche, da muss er schon über achtzig Jahre alt gewesen sein. Und vor mir ausgebreitet lagen ein paar Liebesbriefe, die er dreißig Jahre zuvor einer Apothekerin geschrieben hatte, in die er damals verknallt gewesen war. Seine Ehefrau stand hinter uns, während er mir aus diesen

Briefen vorlas. Wundervoll geschrieben – er hatte ja auch so einen fantastischen Umgang mit Sprache. Und als ich an einer Stelle vor Rührung aufseufzte, blieb seine Frau hinter uns stehen, seufzte ebenfalls und sagte: ›Sie war aber auch schön.‹«

»Hat ihr das nicht wehgetan? Das muss doch schmerzhaft sein, wenn man seinen Partner so über eine andere Frau sprechen hört«, frage ich.

»Ja, klar. Aber nach sechzig Jahren Ehe ist das eine andere Form der Liebe, scheint mir. Die haben ihr Leben ein Stück weit gelebt, und dann verlieren der Frust und Schmerz einer Schwärmerei von vor dreißig Jahren vielleicht einfach an Bedeutung. Aber ich habe da auch sehr lange drüber nachgedacht, was das für eine Liebe sein muss, dass seine Frau die Größe besitzt, derartig befreit davon zu sprechen. Ich war in meinen Beziehungen eher eifersüchtig und wäre nie in der Lage gewesen, so über den Dingen zu stehen. Aber Greulich hat seine Frau geliebt wie wahnsinnig. Das hab ich immer gespürt und sie mit Sicherheit auch. Doch interessant, wie unterschiedlich Liebe sein kann, oder?« Sie sieht zu mir herüber, dann schweift ihr Blick wieder ab. »Manche finden einen Partner und verspüren keinerlei Bedürfnis nach anderen Menschen. Aber bei Greulich und seiner Frau schien das eben nicht der Fall gewesen zu sein. Alle wussten, wie wundervoll das Leben mit seiner Frau war und wie viel die miteinander erlebt haben. Da waren auch schlimme Phasen dabei, so wie in jedem Leben. Manche Paare hören auf zu leben, wenn sie glauben, den Richtigen oder die Richtige gefunden zu haben. Bei manchen klappt das gut, aber einige erneuern sich einfach nicht mehr ineinander. Sie blicken einander wie einen Spiegel an; nur noch ein stumpfer Blick in sich selbst. Für Greulich wäre das nie in Frage gekommen, und scheinbar ist er sehr gut gefahren damit. So wie die beiden habe ich es in der Liebe nicht hinbekommen. Ich hab's ... ja, wie ich schon sagte ... ich hab's versemmelt«, sagt Claudia und schiebt enttäuscht die Unterlippe hoch.

Oft waren die Leute erstaunt, dass meine Mutter und ich so offen und häufig über Liebe sprechen. Das ist natürlich unüblich, aber es gehörte schon immer zu unserer Beziehung miteinander. Ich habe Claudia nie wirklich allein erlebt vor ihrer Krankheit. Beziehungen waren ein wesentlicher Bestandteil von ihr, und es tut mir leid für sie. Ich würde es wohl nicht laut aussprechen, aber ich weiß, dass sie recht hat. Ich glaube nicht, dass sich jemals wieder jemand in sie verlieben wird. Obwohl sie es verdient hätte.

»Du beschreibst deine Beziehungen so häufig wie eine Niederlage«, sage ich. »Dabei ist wirklich viel Gutes dabei rumgekommen. Wenigstens hast du viel geliebt. Und auch wenn jetzt kein Partner an deiner Seite ist, hast du dich immerhin nie in die Idee oder Illusion einer Beziehung verrannt. Du hast echte Menschen geliebt, und die haben dich geliebt.«

Claudia schmunzelt und vergräbt ihre nackten Füße im Sand unter unserem Tisch. Sie blickt verträumt zu den älteren Paaren um uns herum und balanciert ihre Zigarette auf dem Rand des flachen Aschenbechers. Sie legt das Feuerzeug daneben und tippt den Fingernagel ihres Zeigefingers rhythmisch darauf. »Deine Frau werde ich auch nie kennenlernen. Und deine Kinder auch nicht ...« Claudia atmet laut aus und guckt in die Ferne. »Lies ihnen einfach aus meinen Büchern vor, ne?«, sagt sie mit zitternder Stimme.

»Klar lese ich denen vor – du hast ja zum Glück genug Kinderbücher geschrieben«, sage ich und lege meine Hand auf ihre. Ich grinse breit und freundlich, damit ich sie jetzt nicht doch noch an die Verzweiflung verliere.

Mit der Schreiber-Lektüre sind mein Bruder und ich selbst schon aufgewachsen. In Moskau waren wir beide das ideale Testpublikum für die ersten Kinderbücher meiner Mutter. Die Geschichten von *Sultan & Kotzbrocken* erfüllen Erinnerungen meiner ganzen Kindheit. Claudia wusste schon beim Schreiben, dass es nicht allen, vielleicht kaum Eltern gefallen würde, wenn sie Namen wie Kotzbrocken vorlesen müssten. Aber Claudia hatte genau verstanden, was Kinder zum Lachen bringt. Zum Beispiel ein dicker Sultan, der auf einem Berg aus hunderten Kissen pupst und mit einem Kran von seinem Diener Kotzbrocken heruntergehoben werden musste. Wir haben uns nicht eingekriegt vor Lachen.

»Ist das jetzt Selbstmitleid?«, fragt sie ganz vorsichtig.

»Nein … kein Stück«, sage ich schnell, halte dann kurz inne und bereite mich mental auf den emotionalen Drahtseilakt vor, der mir in dieser Unterhaltung bevorsteht. Auch das ist nicht das erste Mal, dass ich diese Frage höre. Aber erneut will ich versuchen, ihr diese Gedanken zu nehmen. Ein Kampf, den ich wohl nie gewinnen kann, aber zu dem ich jedes Mal aufs Neue antrete.

»Eine gute Freundin hat mir mal von *Selbstmitgefühl* erzählt«, hole ich aus. »Klar gibt es Selbstmitleid. Aber wäre zum Beispiel deine beste Freundin in deiner Lage, würdest du sie nicht auch ein wenig trauern lassen? Würdest du ihr nicht komplettes Verständnis dafür zeigen, dass sie jetzt Angst hat, dass sie Sorge hat und vermisst, was hätte sein können? Kannst du dir auch selbst diese gute Freundin sein? Geh mit dir um wie mit den Menschen, denen du nahestehst. Hab Mitgefühl mit dir.« Ich blicke ihr eindringlich in die Augen. »Immer wieder sagst du, wie dumm du jetzt seist, aber so lasse ich niemanden über meine Mutter reden, Alter! Nicht mal meine Mutter.«

Claudia lächelt und nickt. Für den Moment reicht ihr das.

»Weißt du, Lukas«, sagt sie dann, »dieser Alzheimer macht mich so wahnsinnig sensibel, so sentimental«, erzählt sie zunächst ihrer Zigarette, die bereits bis zum Filter abgebrannt ist. Sie sieht den Stummel an wie einen alten Geliebten, der Rauch wird am Filter dicht und giftig gelb. Vorsichtig und langsam hebt sie ihn in den Aschenbecher, so behutsam, als würde sie ein Kind schlafen legen. »Ich sitze irgendwo und könnte ohne Grund einfach weinen und weiß gar nicht, warum. Ob es nun schön oder schlecht ist, ist völlig egal, ich habe eine ganz empfindsame und melancholische Art. Ich empfinde viel tiefer als je zuvor. Als hätte jemand einen Apfel geschält, und ich sehe den Apfel endlich ganz. Ich bin völlig befreit von einer einst so widerständigen Haut, frei von jeglichem Schutz. Jeder kann in mich reinpieken, und ich spüre es. Ich spüre es so wahnsinnig stark. Aber Gott sei Dank, ich spüre auch die guten Dinge stark. Ich bin fast nur noch Gefühl. Und ich kann ganz anders auf die Welt schauen. All die Farben hier ...«, Claudia zeigt auf das Meer hinaus, »... die gehen sofort in mein Herz, Lukas. Ich kann mir gar nicht vorstellen, dass ich je vergessen könnte, wie sich der Wind auf meiner Haut hier anfühlt. Natürlich ist es wahnsinnig leicht, sich hier im Paradies wohlzufühlen. Aber diese Farben und diese Palmen – das macht so viel mit mir. Ich habe doch früher selbst nicht gewusst, wie sich diese Krankheit anfühlen könnte. Die wenigsten haben wirklich ein Gefühl dafür, wie es unsereinem geht. Menschen mit Alzheimer sind nicht einfach irgendwelche Verrückten. Wir sind doch alle Biografien.«

Eines der älteren Ehepaare neben uns steht auf. Sie schauen etwas ratlos umher und wissen nicht, wohin mit sich. Es scheint, als hätten sie sich seit Jahren danach gesehnt, hier zu sein, aber jetzt, wo sie hier sind, sehnen sie sich nach etwas anderem. Vielleicht nach zu Hause, vielleicht nach dem nächsten Reiseziel – sie versuchen, sich auszuruhen, aber sind offensichtlich rastlos.

Wir sind gerade alle am selben Strand, spüren denselben Wind und genießen dieselbe Sonne, aber dennoch sind wir nicht alle wirklich hier. Mit finsterem Blick und leise vor sich hingemurmelten Schimpfwörtern zupft der ältere Mann an seinem Flip-Flop herum, an dem sich die Sohle zu lösen scheint. Ich glaube, Claudia hat recht – er weiß nicht, dass er bereits im Paradies ist. Schade drum.

Claudia blickt mich nun flehend an, ihr Schmerz ist nicht zu übersehen. »Weißt du, wenn ich diese Dokumentationen sehe über Einrichtungen, wo Leute sind, die das auch haben, dann sehe ich in ihren Augen, dass sie einfach nur Ruhe brauchen. Einfach Ruhe und bloß nicht so viele Leute um sie herum. Aber da sind immer so viele, die auch ihre eigenen Geräusche machen. Da sind Leute, die sie dann auch noch anfassen möchten, ohne dass irgendeiner mal fragen würde, ob das okay für diese Menschen ist. Und das ist furchtbar! Ich sehe diese Patienten, die dann zurückschrecken und nur ganz leise denken können. Unsere Gedanken flüstern, aber die Gefühle brüllen. Die Blicke sagen ›Lasst mich doch! Bitte fasst mich nicht an!‹ oder ›Seid nicht so laut‹. Das ist meine Hölle. Das ist wirklich meine Hölle. Ich weiß gar nicht, ob die Pfleger und Angehörigen wissen, dass die Lautstärke und diese Berührungen so schrecklich sind. Mir ist das jetzt schon alles viel zu laut. Meine

Sehnsucht nach Stille wird von Tag zu Tag stärker. Mein Gemüt ist ganz, ganz dünn geworden, beinah unsichtbar. Es empfängt selbst die zartesten Sachen. Und mein Herz hat Überstunden, denn da geht alles sofort rein. Ich bin dumm geworden.«

»Weißt du …«, hole ich nochmal aus. »Da ist eine Krankheit in deinem Kopf, die es dir nicht erlaubt, Gedanken zu halten. Eine Krankheit, die dich zwingt, ein geschälter Apfel zu sein. Jeder Gedanke pullert aus deinem Hirn, und du versuchst sie alle zu halten. Aber wenn du sagst, dass du die ganz schönen Dinge so wundervoll empfinden kannst, dann sollten wir genau diese Momente suchen. Dann machen wir das Beste aus einer großen Katastrophe. Wir machen Schneeengel im Sperrmüll und freuen uns darüber. Irgendwo gibt es diese Existenz, den Weg, auf dem Alois unser Freund wird. Vielleicht sind wir dann zu dritt? Du, der Alzheimer und ich?«

Claudia sieht mich an und lacht.

»Ach, verpissen soll der sich!«

DER BAUPLAN DES HIMMELS

Die erste Hälfte ihres Lebens war Claudia Teil einer strengen Baptistengemeinde. Ihr Vater war der Gemeindeleiter, und alles und jeder, den Claudia kannte, gehörte ebenfalls ihrem Glauben an. Es war unmöglich, an der tiefen Hingabe zur Kirche zu zweifeln. Jeden Sonntag hörte Claudia, dass sie lange, bevor sie geboren wurde, ein Verbrechen begangen hatte. Jeder Zweifel qualifizierte für die Hölle, und das war sicherlich kein Ort, zu dem sie wollte. Das Universum wurde von einem eifersüchtigen, rachsüchtigen, ja mörderischen Gott geschaffen, und der hatte sicherlich einen Plan für sie. Also warf sie sich für Gottes Gnade auf die Knie und lernte das Neue Testament auswendig. Jede Stunde des Betens und Bibelstudiums versprach Antworten. Aber die Antworten wollten einfach nicht kommen, und ihr Glaube war nicht immer so schwerelos und ungebrochen wie der ihrer Familie. Die Klarheit des Denkens, die für Claudia selbstverständlich war, war nichts, was ihr im Glauben half. Und so stand es in ihrem Charakter geschrieben, dass sie eines Tages das Unsagbare sagen würde. Eines Tages würde sie sich selbst beweisen, dass sogar die Ewigkeit manchmal vorübergehend erscheint. Die Zerrissenheit zwischen dem regelhaften Glauben und der triebhaften Realität begegnete ihr schon sehr früh.

Claudia muss etwa zehn Jahre alt gewesen sein, als sie einmal mit den anderen Kindern der Gemeinde Verstecken spielte. Mit dem Ehrgeiz, der sie schon damals kennzeichnete, spielte sie, um zu gewinnen. ›Der zweite Platz ist der erste Verlierer‹, lautete das Motto des kleinen Mädchens, das entschlossen war, niemals gefunden zu werden. Helma, der rothaarige Nachbarsjunge, hielt sich die Augen zu und zählte laut bis sechzig. Alle Kinder rannten davon. Der dicke Friedrich versteckte sich hinter einem Baum, der nicht mal die Hälfte seines Körpers verbergen konnte. »Was für ein Idiot«, dachte Claudia und rannte in das Büro ihres Vaters. Dort war niemand, und damit hatte sie auch gerechnet. Denn es war kurz nach zwölf, und zu dieser Zeit waren alle Mitarbeiter inklusive des Chefs zum Mittagessen in der Kantine der Fabrik. Claudia blickte sich kurz um, rannte zum Schreibtisch und krabbelte darunter. Ins Büro ihres Vaters würde sich Helma niemals trauen, »der Feigling«, dachte Claudia und versuchte sich so winzig klein wie irgendwie möglich zu machen. Sie saß dort völlig still für circa zehn Minuten, als plötzlich die Tür aufschwang. Augenblicklich erkannte sie die schweren Schritte ihres Vaters. Ihr kleines Herz stotterte und begann anschließend laut zu pochen. Hätte ihr Vater sie in diesem Augenblick erwischt, er hätte sie vermutlich grün und blau geschlagen. Doch er war nicht allein. Frau Rohrdans vom Fließband kicherte, als er sie hinter sich in das Büro zerrte. Sie hatte noch ihre Schürze an, die von den Sauerkirschen so rot wie Blut war. Claudia spürte nichts außer ihrem eigenen Puls und dem Blut, das in ihren Kopf schoss. Sie fürchtete, ihr Vater könne ihren Herzschlag hören, und hielt die Luft an.

Ihr Vater schubste Frau Rohrdans mit einer solchen Wucht nach vorn, dass sie mit einem lauten Wums bäuchlings über den

Schreibtisch fiel. Frau Rohrdans' braunes Haar hing über der anderen Seite des Tischs herunter, und ihre rote Schürze war nun so nah vor Claudias Gesicht, dass sie den süß-säuerlichen Geruch der Kirschen riechen konnte.

»Vater unser im Himmel …«, flüsterte Claudia leise.

Wie ein Vorhang, der sich öffnet, zog sich Frau Rohrdans' beiges Kleid an Claudias Gesicht vorbei, als ihr Vater es über ihre breite Hüfte schob. Der Tisch knarzte laut, wie ein Gewitter, als er seine Handfläche mit dem gesamten Gewicht seines Körpers auf Frau Rohrdans' Rücken drückte.

»… geheiligt werde dein Name …«

Ohne ein Wort riss er sich den Gürtel auf, während Frau Rohrdans vergnügt gackerte. Seine Hose sauste wie im freien Fall auf den Boden.

»… dein Reich komme. Dein Wille geschehe …«

Claudia hörte ein kurzes Rumpeln, ein Spucken, ein paar Sekunden Stille und dann ein tiefes Einatmen von Frau Rohrdans.

»… wie im Himmel so auf Erden …«

Das aufprallende Klatschen seiner Leisten hallte durch den Raum.

»… unser tägliches Brot gib uns heute …«

Frau Rohrdans' Stöhnen wurde kurz lauter, aber verstummte, als Claudias Vater sie mit einem wuchtigen Schlag auf den Rücken zurechtwies.

»… und vergib uns unsere Schuld. Wie auch wir vergeben unsern Schuldigern …«

Frau Rohrdans' Füße hoben sich auf ihre Zehenspitzen, als wäre sie kurz davor davonzufliegen.

»… und führe uns nicht in Versuchung …«

Ihre Beinmuskeln zitterten, krampften und verspannten sich zu verqueren Mustern unter ihrer Haut, härter und härter mit jedem seiner kräftigen Stöße.

»… sondern erlöse uns von dem Bösen …«

Ihre lauten Atemzüge klangen nun mehr nach Schmerz als Lust, ihre Hand griff nach hinten, um seine Wucht abzumildern, aber ohne Erfolg.

»… Denn dein ist das Reich …«

Schweiß rann in einem kleinen Rinnsal über Frau Rohrdans' nackten Oberschenkel.

»… und die Kraft …«

Claudias Vater wurde schneller. Das Stoßen hallte unter dem Schreibtisch wie das Marschieren von Soldaten.

»… und die Herrlichkeit …«

Frau Rohrdans' Stöhnen wurde kurzatmiger. Claudia presste ihre Lider zusammen, so fest sie konnte, und drückte ihr Gesicht in den Boden.

»… in Ewigkeit …«

Ihr Vater machte zum ersten Mal den Hauch eines Geräuschs, als er einen Orgasmus hatte. Ein tiefes, dumpfes Röhren, das Claudia nur zu vertraut war. Er zitterte, und der ganze Schreibtisch mit ihm.

So schnell, wie sie gekommen waren, verschwanden beide auch wieder. Ihr Vater sprach nicht ein einziges Wort, von der Sekunde, in der er den Raum betrat, bis zu dem Moment, in dem er ihn verließ.

»… Amen.«

Claudia öffnete erst die Augen, als seine Schritte längst im Flur verebbt waren.

Bis heute mag sie sich nicht ausmalen, was ihr Vater mit ihr angestellt hätte, wenn er sie unter dem Tisch erwischt hätte. Manchmal träumt sie noch immer davon und wacht auf, wenn er ihren Kopf mit voller Wucht gegen die Kante der Schublade schlägt. Sie weiß, dass sie an diesem Tag hätte sterben können.

Und eben diese Zerrissenheit war es, die Claudia für Jahrzehnte plagen würde. Ihr Vater, der Gemeindeleiter, der nach vorn ein gottestreuer Christ war und hinter dem Rücken der Gemeinde ein Vergewaltiger und Betrüger.

Viele Jahre später, mit neunzehn, heiratete Claudia ihren ersten Ehemann. Als die beiden sich kennenlernten, brachte Claudia ihn in die Gemeinde, und er würde für Jahrzehnte fester Bestandteil der Kirche bleiben. Innerhalb der Gemeinde war es nicht ungewöhnlich, so früh zu heiraten, und es hätte niemals zwischen den beiden funktionieren können, wenn er sich nicht entschieden hätte, der Kirche beizutreten.

Er war Soldat bei der Marine und hatte sich dort für zwölf Jahre verpflichtet. Sein Traum war es eigentlich gewesen, Arzt zu werden, und er bereute es bald, dass er nun in der Marine festsaß. Aber er hatte die Papiere unterschrieben, ohne so richtig darüber nachzudenken, sagte er damals. Doch nun könne man nichts mehr daran tun, und so hatte er sich seinem Schicksal ergeben. Aber Claudia hatte schon damals die Fähigkeit, manchmal zu verdrängen, was unmöglich scheint, und löste das Problem auf ihre Weise.

Eines Tages waren beide zu einem offiziellen Empfang der Bundeswehr eingeladen. Alle höheren Offiziere der Marine waren da, und Claudia stellte sich auf dem Empfang zu den ranghöchsten Offizieren. Sie war charmant wie immer und lockte die Männer in ein interessantes Gespräch. Die Offiziere hingen bereits an ihren Lippen, während die Inhalte ihrer Aussagen zunehmend problematischer wurden. Schlussendlich postulierte sie vor den Offizieren linksextremistische Parolen, streckte die Faust nach oben und brüllte die Internationale. Während Claudia sich mehr und mehr in Rage redete und sang, wurden die Augen der Offiziere immer größer, und sie warfen sich unbehagliche Blicke zu. Ein Stabsoffizier verabschiedete sich sogar augenblicklich. Schließlich verging nicht einmal ein Monat, bis Claudias Mann sehr freundlich, aber bestimmt vom Dienst entbunden wurde. *Mission accomplished.*

Claudia und ihr erster Ehemann waren fast fünf Jahre verheiratet und sehr aktiv in der Gemeinde. Beide waren eng mit einer anderen Frau der Gemeinde befreundet, und insgeheim hatte Claudia immer das Gefühl, dass diese Freundin und ihr Mann sich voneinander angezogen fühlten. Dass sie sich vielleicht ein bisschen näherstanden als einfach nur Freunde. Sie spürte es an seinem Lachen, wenn sie einen Witz erzählte. Und an ihrem Griff an seine Schulter, wenn beide sich verabschiedeten. Doch alle in der Gemeinde waren so fromm und vertraut miteinander, dass sie es nie gewagt hätte, ihn zu fragen. Misstrauen hatte zwischen Kindern Gottes keinen Platz.

Eines Abends saßen die drei, wie so oft, zusammen, tranken Wein und lachten miteinander. Claudia war ein wenig übel, und sie ging deshalb früher ins Bett als die beiden anderen – auch das war nicht ungewöhnlich. Ein paar Stunden später stand sie kurz auf, um ins Bad zu gehen. Auf dem Weg dorthin spähte sie durch den Türspalt ins Wohnzimmer und sah, wie beide sich an den Händen hielten. Das reichte schon – mehr war nicht nötig, um das Paradies zu zerstören.

Rund dreißig Jahre nach diesem Abend sind wir bereits seit eineinhalb Wochen auf Aitutaki und haben jeden Winkel der Insel gesehen. Wir waren an jeder Bucht, an jedem Strand – wir kennen die Palmen beim Namen und können jede zweite Fritteuse der Insel am Geruch erkennen. Geschmeckt haben sie alle nicht. Aber keiner von uns hatte erwartet, dass wir im Paradies auf kulinarischem Spitzenniveau speisen würden, also ist es nicht weiter schlimm. Dafür scheint die Sonne auch heute den ganzen Tag, und es sind nur wenige Wolken am Himmel. Kurz nach dem Aufstehen bin ich noch die Landebahn entlang gejoggt, und jetzt sitzen wir wieder auf der Veranda vor unserer Hütte. Das kleine Schweinchen läuft vor uns die Wiese auf und ab und beobachtet seine Muttersau, die mit einem online recherchierten Palstek-Knoten mittlerweile fest mit der Palme verbunden scheint und Kokosnüsse frisst.

»Ich dachte, ich würde sterben, wenn ich noch eine Sekunde länger bei ihm bleibe«, sagt Claudia, räuspert sich und sieht mich an.

Ich ziehe die Augenbrauen hoch und lege das Kreuzworträtsel der heimischen Zeitung beiseite. Vor einigen Tagen hatte Millas schweigsamer Vater gesehen, wie ich über der Zeitung grübelte. Seitdem legt er sie mir jeden Morgen vor die Tür. Manche Menschen brauchen einfach nicht viele Worte, um zu kommunizieren.

Das Buch, das Claudia zu lesen versucht hatte, dient ihr mittlerweile nur noch als Untersetzer für Kaffeetasse und Zigaretten. Manchmal spüre ich, wie sich die Worte in ihr aufstauen, der Druck sich aufbaut und schließlich zu einer verbalen Explosion ausweitet. Dann fängt sie aus dem Nichts inmitten einer Geschichte an. Die meisten Geschichten sind mir mittlerweile aber vertraut genug, um schnell zu erkennen, worüber sie spricht. Und so ist es auch diesmal.

»Ich hatte immer ein bisschen das Gefühl, dass die beiden sich mochten«, sagt Claudia, und ich ahne, dass wir uns zeitgeschichtlich nah am Ende ihrer ersten Ehe befinden. »Aber ich hätte mich nie getraut, für mich selbst einzustehen und einfach mal zu fragen«, fährt sie fort. »Geschweige denn einen Aufstand zu machen oder mal zu meckern. Ich habe zu viel den Mund gehalten und weiß nicht, warum. Das war ein großer Fehler. Unsere Gedanken kreisten damals ständig nur um Jesus und Gedöns. Das war meine Herkunft, und ich habe das für viele Jahre geglaubt und gemacht. Das war unsere Identität, eine ganz klar definierte, und die kannten wir sehr genau. Ich hab es damals auch so genannt: Wir kannten den Bauplan des Himmels. Ich wusste, in welcher Obhut ich mich befand, und wir waren uns sicher, dass wir auf die spirituelle Goldader gestoßen waren, nach der jeder Mensch die letzten hunderttausend Jahre gesucht hat.«

Claudia hört kurz auf zu reden und steckt beide Hände in die Hosentaschen, als würde sie etwas suchen, findet es aber nicht. Es ist einer der wenigen Momente, in denen ich sie nicht rauchen sehe. »Vermutlich sucht sie die Zigaretten, die neben ihr liegen«, denke ich.

»Manchmal habe ich den Eindruck, dass ich einfach nur einen falschen Sinn nach dem anderen gejagt habe. Erst war es der Glaube, später die Liebe, dann die Arbeit und immer wieder mal irgendwelche Männer. Alles nur ein weiterer Weg, um das gleiche Problem zu lösen. Alles nur, um endlich Frieden zu finden. Es ist mir unmöglich, heute noch mit so einer Sicherheit einen Sinn zu erkennen wie damals.« Sie runzelt über sich selbst die Stirn. »Und wenn doch, ich könnte ihn mir ja ohnehin nicht merken.«

Kurz sage ich nichts und greife nach der Zigarettenpackung

neben ihr auf dem Tisch. Sie lacht auf, und ich reiche ihr eine, bevor ich mir die zweite Kippe auf dieser Reise anstecke. Mir wird auch diesmal schnell schlecht davon, und ich hasse den Geschmack, aber es hat etwas, mit meiner Mutter zu rauchen und über die Sinnlosigkeit von allem zu reden.

»Nichts ist je so perfekt, wie man es sich vorstellt. Und auf der anderen Seite ist auch nicht alles so schlimm, wie man es sich ausmalt«, sage ich dann, und Claudia verzieht keine Miene. »Also, was hättest du machen sollen?«, frage ich.

»Ich bereue es einfach, dass ich gegangen bin, ohne Fragen zu stellen«, antwortet sie. »Jahrzehnte später denke ich immer noch, ich hätte den Raum stürmen und fragen sollen, was das zu bedeuten hat. Warum bin ich nicht für mich eingestanden? Vielleicht war es gar nicht so schlimm. Ich hätte offen sein sollen für vernünftige Erklärungen. Aber wer hätte mich ernst nehmen sollen, wenn ich mich in diesem Moment nicht einmal selbst ernst genommen habe? Ein Wort von mir hätte schon genügt – aber das gab es nie. Nicht nur da, sondern generell. Jetzt bin ich krank, und dann überlegt man immer häufiger: Hat was gefehlt? Hab ich alles gemacht? Grundsätzlich würde ich sagen: Ja! Ich habe euch zwei Kerle bekommen, und ihr seid mein ganzer Stolz. Das berührt mich am stärksten in meinem Leben. Aber wenn ich ein neues Leben kriegen würde, dann würde ich mir wünschen, dass ich diese Übung doch irgendwie hinkriege. Ganz genau zu gucken: Wer bin ich? Wer bin ich für andere? Wann kann ich teilen? Wann sollte ich es lassen? Ich hatte immer die Empfindung, es allen recht machen zu müssen. Ich habe zu wenig an mich gedacht und war so furchtbar harmoniesüchtig. Nie sollte sich jemand über mich ärgern, und so bin ich immer eher mitgeschwommen. Heute weiß ich, wie wenig

Zeit im Leben bleibt, und mir geht häufig durch den Kopf, wie naiv und auch doof ich gehandelt habe.«

Claudia greift nach den Zigaretten und steckt sich eine falsch herum in den Mund. Ich reiche ihr erst das Feuer, greife dann zu ihrem Mund, drehe die Kippe richtig herum und stecke sie zurück zwischen ihre Lippen. Inzwischen fällt es ihr schwer, das Feuerzeug zur Spitze ihrer Zigarette zu navigieren. Sie zündet sich die Kippen in der Mitte an, und dann brennen sie in beide Richtungen ab.

»Wenn es eine Sache gibt, die ich dir mitgeben kann, dann ist es das …«, sagt Claudia und nimmt einen tiefen Zug. »Steh für dich selbst ein. Man ist immer auf sich allein gestellt, ob man will oder nicht. Finde heraus, wer du bist, finde Menschen, denen du vertraust. Menschen, die dich lieben und die du liebst. Und wenn du etwas nicht magst, dann ist das auch so. Steh dazu. Jeder ist für seine eigenen Gedanken und Gefühle verantwortlich. Erlaube dir, auch mal laut zu werden. Sag, was gesagt werden muss. Das ist nicht immer leicht – eigentlich nie. Ich habe es sicherlich nicht getan, aber ich wünschte, ich hätte es. Die ganze Zeit über bedaure ich, dass ich mich damals nicht gut genug fühlte, für mich selbst einzustehen. Die Beziehung mit meinem ersten Mann war damit vorbei, zumindest für mich. Vielleicht hätte es geholfen, wenn ich einfach das Gespräch gesucht hätte. Vielleicht schlummerte etwas unter der Oberfläche. Wir alle haben verborgene Bedürfnisse. Vielleicht war es wirklich nur Händchenhalten, vielleicht Neugierde. Aber in meinem Herzen war es ein so großer Verrat. Und ich habe niemandem die Chance gegeben, offen darüber zu sprechen. Dieser Fehler hat sich mein Leben lang immer und immer wieder wiederholt. Wirklich.«

Claudia pausiert und atmet tief durch. Die Reue scheint mit dem Alter leicht zu kommen. Symptom oder Begleiterscheinung, frage ich mich, aber die Antwort ist schwer zu finden, wie ich weiß. Ich kenne kaum Leute, die älter als fünfzig sind und die nicht in irgendeiner Form über ihre Reue sprechen. Wie ein Lieblingsthema des Alters kommt es immer wieder auf den Tisch. Ich hatte nie viel Nostalgie oder Reue, aber ich bin auch verdammt jung, vielleicht kommt das noch. Claudia vergisst so viele schöne Details aus ihrem Leben, all das Schlechte hingegen hält sich unermüdlich und drückt die Fingerspitzen in die Ritzen ihres geistigen Fundaments.

»Wenn du wirklich glaubst, dass ein Teil von dir bereits im Paradies lebt, kannst du bis zu deinem letzten Atemzug sicher sein, dass der Rest eines Tages nachziehen wird«, fährt Claudia fort.

»Wenn man so tief glaubt, wie ich das getan habe, dann erlaubt das, nie einen Gedanken an den Tod zu verschwenden. Egal wie wenig Zeit dir noch auf der Erde bleibt, es beruhigt dich wahnsinnig, wenn du weißt, dass du die Ewigkeit noch vor dir hast. Aber ich kenne auch beide Welten. Ich lernte die andere Seite kennen, und auch da habe ich über meinen Tod nachgedacht. Diesmal ganz anders. Wenn ich ohne Glauben über den Tod nachdenke, dann finde ich das ganz schön scheiße. Klar kommt dann nach dem Sterben einfach nichts, aber ich weiß ja jetzt, was ich am Leben habe. Ich weiß ja jetzt, was ich vermissen werde. Und ob die Sorge vor dem Tod nun sinnvoll oder sinnlos ist, spielt keine Rolle, wenn ich spüre, dass der Gedanke mich jeden Tag umgibt. Jeden Tag. Selbst an diesem wundervollen Ort frag ich mich doch immer wieder: Warum?! Warum war ich jahrelang auf dieser Erde, hab gekämpft, gelebt, geliebt und geweint. Und jetzt werd' ich plötzlich dumm, verlier mich immer mehr und verschwinde für immer ins Nichts? Ich muss doch irgendwas nicht checken? Irgendeinen größeren

Sinn muss es doch geben. Das kann es doch nicht gewesen sein! Für was? Wozu das alles?« Sie schaut ins Leere. »Ich wünschte, ich wüsste es. Das wär's. Aber wenn ich es weiß und dann wieder vergesse – das wär 'ne große Schande …«, flüstert sie noch und schüttelt enttäuscht den Kopf.

Jeden Tag höre ich mir die gleichen Geschichten über ihre Reue an, und manchmal frage ich mich, warum ich mir überhaupt die Mühe mache, wenn man hinten raus eh alles bereut. Ihre Worte erinnern mich an ein berühmtes Zitat von Søren Kierkegaard. Er sagte: »Heirate, du wirst es bereuen; heirate nicht, du wirst es auch bereuen; heirate oder heirate nicht, du wirst beides bereuen; entweder du heiratest oder du heiratest nicht, du bereust beides. Erhänge dich, du wirst es bereuen; erhänge dich nicht, du wirst es auch bereuen«, und so weiter. Ich werde es auch nicht richtig machen; hat noch niemand geschafft. Die meisten meiner Fehler liegen hoffentlich noch vor mir.

Nach dem Vorfall mit ihrem ersten Ehemann dauerte es nicht lange, bis Claudia die Kirche und den Glauben verlassen wollte. Nicht nur wegen dieses Vorfalls, sondern auch wegen der Unzufriedenheit mit der Kirche, die mittlerweile genug Zeit gehabt hatte zu reifen. Die Zweifel am Glauben wurden immer größer; Claudia wusste zu viel. Sie hatte damals bereits einige Menschen in ihrem Leben, die ihr andere Seiten der Realität gezeigt haben. In vielen Gesprächen und neuen Freundschaften verfestigte sich der Eindruck einer Welt, die zu chaotisch und komplex für Vereinfachungen war. Die fundamentale evangelikale Gemeinschaft wurde zu langweilig, platt und gesetzlich. Für alles gab es eine einfache Erklärung. Und genau das ist es ja, was Religion so gut kann. Es ist dieselbe Stärke, der sich auch Wahrsager, Astrologen und lausige Life-Coaches bedienen: Eine Welt, die man nicht ergründen kann, wird in eine leicht verständliche Halbwahrheit gegossen und damit scheinbar ergründlich.

Ein Austritt aus der Kirche bedeutete für Claudia aber auch, dass sie ihren Mann für immer verlieren würde. Es gab keine Möglichkeit, dass sie den Glauben verließe und beide zusammenblieben. Deshalb war ihr einziger Weg ein sauberer Bruch – es wäre nicht anders möglich gewesen.

Als der Abend kam, an dem Claudia ihm ihren Trennungswunsch gestand, brachen beide zusammen. Er reagierte viel emotionaler, als Claudia es von ihm erwartet hatte. Stundenlang weinten sich beide die Augen aus. Als Claudia schließlich das nun-nichtmehr-gemeinsame Haus verließ und sich ins Auto setzte, zitterte sie wie eine angeschlagene Trommel, saß hellwach und zitternd da, fasste Mut und Spucke, aber wusste nicht, wohin sie gehen oder was sie tun sollte. Es fühlte sich an, als hätte man ihr die Luft aus den Lungen gezogen. Mit dieser Entscheidung hatte sie alles verlassen, was sie je kannte. Für alle, die zu ihrer früheren Gemeinde gehörten, war Claudia von nun an völlig verloren. Alle Freunde und Bekannten, die Claudia ihr Leben lang begleitet hatten, brachen den Kontakt sofort ab. Viele Jahre lang weinte ihre Schwester, sobald sie Claudia sah. Sie schrie Gebete in die Luft und trauerte um ihre Schwester, die zwar vor ihr stand, aber für sie längst in der Hölle brannte.

Über viele, viele Jahre hinweg nahm Claudia wieder Kontakt zu einigen dieser Menschen auf. Doch ihr erster Ehemann sprach nie wieder ein Wort mit meiner Mutter.

Claudia lächelt, greift nach meiner Hand und drückt sie fest.

»Hätte ich jetzt nochmal ein Leben, dann würde ich meinen Charakter etwas kleiner halten. Mich nicht immer so eng definieren. Zu sagen, ich sei nicht die Art von Mensch, die jenes oder solches macht – das ist immer eine Sackgasse. Das hält einen von ganz wichtigen Dingen ab, die man nie macht, weil man sich selbst zu eng definiert hat. Zig Männer, die nie tanzen, Priester, die nie knutschen, und Frauen, die nie Bürgermeisterin von Aitutaki geworden sind – einfach weil sie sich selbst so kurzsichtig beschrieben haben.« Ich nicke zustimmend. Wie recht sie hat. »Du kannst dich eigentlich immer nur selbst retten. So richtig vorbereiten kannst du dich auch nicht. Erst recht nicht auf die schwierigen Sachen. Alles, was so überraschend in unser Leben kommt, ist ja gerade deshalb so überraschend, weil wir uns nicht darauf vorbereiten können. Dann lieber ohne Sorgen und mit dem Kopf durch die Wand«, sagt Claudia.

In Claudias Augen ist in Momenten wie diesen oft etwas Leeres. Ihre Sorgen, die sie mir während unserer Reise beschreibt, sind oft auch meine eigenen – mit dem einzigen Unterschied, dass ich mein ganzes Leben noch vor mir habe. Anfangs dachte ich, ich sollte einfach still bleiben, wenn sie davon erzählt. Ich wurde immer vorsichtiger und unsicherer, was ich sagen darf und was nicht.

»Was macht denn dann ein gutes Leben aus?«, frage ich an diesem Tag dann doch. »Du erzählst mir von all den schönen Dingen, die du getan und geschrieben hast. Ich weiß, es ist schwer zu beantworten, aber was ist dann das Wichtigste? Es ist eine egoistische Frage, aber was, meinst du, sollte ich tun, um später nichts zu bereuen?«, frage ich.

Claudia lächelt mich an. »Du, ich hab so ein geiles Leben gehabt. Klar bereue ich heute einiges, aber ich habe hart gearbeitet, um frei zu werden. Ich kam aus so engen Verhältnissen und hab mich dort dennoch rausgezappelt. Darauf bin ich stolz. Wirklich stolz! Ich weiß, was Freiheit ist. Es ist das Wichtigste überhaupt. Es gibt nichts Besseres, als frei zu sein. Vergiss Reichtum! Alles! So frei zu sein – das hat sich gelohnt.« Claudia hält kurz inne und wiederholt flüsternd: »Das hat sich gelohnt.«

Es ist noch früh, aber das Licht hängt und zittert bereits wie ein zähflüssiger Tropfen, der kurz davor ist zu fallen. Claudia hält die Hand hoch und amüsiert sich über ihren Schatten, den sie auf den sandigen Boden wirft. Dann sagt sie ganz vorsichtig, als wäre es ein Geheimnis, das unsere Verschwiegenheit nie verlassen darf: »Du musst einfach alles machen, um frei zu werden. Niemals auf die Bremse treten, bevor du Glas brechen hörst.«

EIN GEFÜHL DER LEBENDIGKEIT

Uns bleiben nur noch vier Tage auf Aitutaki. Unsere übliche Schlafenszeit liegt längst hinter uns, und es ist stockfinster. Diese Nacht ist völlig mond- und wolkenlos und offenbart dem lichtleeren Pazifik ein zartes gelbes Leuchten der Sterne, ungestört von jeglicher Lichtverschmutzung, die erst weit hinter dem Horizont beginnt. Wir sind hier völlig allein, und nur die Sterne, so klar wie ich sie noch nie gesehen habe, schauen in dieser Nacht auf uns herab. Claudia und ich haben uns zwei dieser unansehnlichen, klischeehaften weißen Plastik-Gartenstühle in die Mitte des Rasens vor der Veranda gestellt. Sie ist neben mir tief in den Stuhl gesunken, liegt schon fast, was schrecklich für den Rücken sein muss, aber ideal für das Beobachten der Sterne. Sie erzählt mir eine Geschichte, die ich schon unzählige Male gehört habe. Das Betrachten der Sterne ruft bei ihr immer wieder Erinnerungen an jenen Tag vor Jahrzehnten hervor, als Claudia zum ersten Mal begriff, dass sie irgendwann sterben würde.

Sie muss gerade fünf Jahre alt gewesen sein, sagt sie. Es war ein wundervoller Dezembertag, und in ihrem Heimatdorf waren viele Zentimeter Neuschnee gefallen. Mit allen ihren Geschwistern machte sie sich auf den Weg zum Schlittenfahren. Es war so viel Schnee gefallen, dass er Claudia bis zur Hüfte stand, und es war unmöglich für sie, allein durch den Schnee zu stapfen. Mit ein bisschen Überzeugungsarbeit zogen ihre Geschwister sie auf dem Schlitten hinter sich her bis zu dem winzigen Hügel, dessen minimale Steigung nur mit Ruckeln und Anschieben fürs Schlittenfahren reichte. Mehrere Stunden lang fuhren sie immer wieder den Hügel hinunter, bis langsam die Dunkelheit anbrach und die Geschwister entschieden zurückzugehen. Claudia machte wohl einen kleinen Aufstand und wollte immer wieder noch ein letztes Mal fahren. Dabei stellte sie die Geduld ihrer Geschwister ein wenig zu sehr auf die Probe, und sie ließen Claudia schließlich einfach dort zurück. »Zieh dich doch selbst!«, riefen sie ihr beim Weggehen noch zu, während ihre Stimmen zunehmend leiser wurden und letzten Endes völlig verstummten. Mindestens eine halbe Stunde brüllte sich Claudia die Seele aus dem Leib, dass ihre Geschwister sie jetzt endlich mitnehmen sollten, doch ohne Erfolg. Dann raffte sie sich auf und versuchte sich selbst einen Weg durch den Schnee zu bahnen, doch sie hatte keine Chance. Immer wieder stemmte sie sich gegen den hüfthohen Schnee, aber es kostete einfach zu viel Kraft. Sie war noch viel zu klein und zu schwach, und schließlich fiel sie vor Erschöpfung einfach rückwärts in den Schnee. Keinen Meter konnte sie sich noch bewegen. Völlig allein und umgeben von den weißen Massen lag sie da und weinte, so laut sie konnte. Doch niemand hörte sie, und irgendwann verebbte selbst ihr tiefes Schluchzen. Die kalte Luft entlockte ihrer Lunge immer mehr Wärme, es wurde immer dunkler und dunkler, und niemand war bei ihr. Sie hob ihren Kopf leicht aus dem Schnee, um zu sehen, ob sie nicht irgendwo eine Menschenseele entdecken konnte, die kam, um sie zu retten. Aber da war niemand. Und so plumpste ihr Kopf zurück auf das eisige Kissen, als hätte ihn die Enttäuschung um fünfzig Kilo schwerer werden lassen. Minuten zuvor hatte sie noch am ganzen Körper vor Kälte gezittert, doch plötzlich breitete sich eine Wärme in ihrem Inneren aus, die immer stärker wurde. Sie fror nicht mehr, und dann hörte auch das Zittern auf.

In diesem Moment spielte die fünfjährige Claudia mit dem Gedanken, ob es nicht einfacher wäre, all dem Leid mit dem Tod zu entkommen. Warm war ihr ja nun, und wenn sie jetzt einfach die Augen schließen würde, dann könnte es nicht allzu lange dauern.

Doch was dann geschah, beschreibt Claudia heute wie einen unerklärlichen Ruck. Als hätte sie etwas zum Aufstehen aufgefordert, es ihr geradezu befohlen. Je nachdem, in welcher Stimmung Claudia ist, erzählt sie anders von diesem Tag. Manchmal war es eine Stimme in ihrem Kopf, eine Hand, die ihr beim Aufstehen half, andere Male ihr eigener Wille. Wütend schimpfend raffte sie sich auf und kämpfte sich hunderte Meter durch den tiefen Schnee. Und dann, irgendwann, hatte sie es geschafft.

»Wir könnten auch einfach für immer hierbleiben«, sagt Claudia und starrt in den Nachthimmel. »Wer zum Teufel soll uns hier wegholen? Die finden uns eh nicht!«, fügt sie noch hinzu.

»Und wenn doch?«, frage ich.

»Dann war es das wert«, sagt sie trocken.

Häufig vermisse ich mein altes Leben, das Leben vor Claudias Diagnose. Hätte ich damals doch gespürt, wie geil es ist, sich um nichts kümmern zu müssen. Aber das ist leicht gesagt, und demgegenüber stehen all die Unfreiheiten, die Claudia jetzt spüren muss und die noch so viel schwerer wiegen.

Der verstorbene Philosoph Ronald Dworkin beschrieb in einem

Essay den Wert der Autonomie, die Claudia so vermisst. Die Autonomie, so Dworkin, macht jeden von uns selbst dafür verantwortlich, das Leben nach eigenen Überzeugungen und Interessen zu gestalten. Wir führen unser Leben, anstatt geführt zu werden; wir alle dürfen sein, was wir selbst geschaffen haben. Ihr Leben lang war Claudia die Autorin ihrer eigenen Geschichte, und plötzlich drängt ihr die Krankheit eine Existenz auf, in der sie das nie wieder sein darf. Das Vergessen, das zunehmende Verschwinden von Körper und Geist, ist so schrecklich qualvoll.

Als ich zu den Sternen aufschaue, versuche ich, den Anblick mit dem mir vertrauten Nachthimmel zu vergleichen. Er kommt mir bekannt vor, aber der größte Teil der schwarzen Leere zwischen den hellsten Punkten des Himmels ist hier mit neuem Licht gefüllt. So viel Schönheit, die ich nie sehen konnte und von der ich nicht einmal wusste, dass sie existiert. Die Sommernächte auf Aitutaki sind fast völlig still. Keine Grillen, keine Straßen, keine Bars, keine Wellen am Strand – nur das tiefe Grollen des offenen Pazifiks und das verträumte Schmatzen schlafender Ferkel.

»Mein Leben lang hatte ich Ziele und Sorgen, die nie etwas mit meiner Realität zu tun hatten«, sagt Claudia. »Ich habe mir das Größte von der Zukunft erhofft und immer mit einer absoluten Selbstverständlichkeit mit der spätesten Zukunft gerechnet. Ich hab den Tod gesehen, aber niemals damit gerechnet, dass er mir tatsächlich begegnet. Wie unfassbar naiv, denke ich mir heute.« Dann sieht sie zu mir herüber. »Lukas, du musst spüren, was für ein absoluter Wahnsinn deine Existenz ist. Das merke ich jetzt erst, da es zum Luxus geworden ist. Diese Freiheit, an der ich mein ganzes Leben ausgerichtet habe, war eine kleine Illusion. Ich hatte die

Freiheit, ich selbst zu sein, aber niemand hat die Freiheit, das auch zu bleiben. Der Tod ist mir sicher und wartet nur auf mich. Nach ihm ist alles vorbei. Und so traurig das klingt ... würde ich mir wünschen, ich hätte das früher gewusst. Ich wünschte, ich hätte geahnt, wie zerbrechlich mein Verstand und mein Leben sind. Aber diese Wünsche bringen mir jetzt auch nichts mehr.«

Der Wahnsinn ihrer Existenz, der beschäftigt sie inzwischen immer mehr. Sie spricht so häufig davon, und ich wünschte, es gäbe etwas, das ich entgegnen könnte. Aber nichts hilft. Sie hat ja recht – all die Wünsche, die Reue oder Einsichten ändern nichts mehr. Und sie macht es sich nicht immer leichter damit. Den Kampf gegen den Alzheimer kann sie nicht gewinnen, und dennoch versucht sie immer wieder, ihren alten Mut zu fassen und sich ihm kämpferisch entgegenzustellen. Dieser Mut, an dem sie trotz all der Umstände noch immer festhält, ist unglaublich.

Dies ist einer der kritischen Momente in unseren Gesprächen, in denen ich das Übermaß ihrer Verzweiflung vermeiden muss. Wenn ein Gespräch zu lange in diese Richtung führt, weiß ich mittlerweile, in welche Dunkelheit ihre Gedanken münden werden. Also lenke ich ihr Denken in ermutigendere Bahnen.

»Erzählst du mir die Geschichte, als diese zwei Russen in unsere Datscha eingebrochen sind?«, frage ich.

»Kennst du die denn gar nicht?«, fragt sie zurück.

»Ich war erst drei Jahre alt und kann mich nicht daran erinnern. Hier und da habe ich natürlich davon mitbekommen. Erzähl sie mir bitte nochmal«, fordere ich sie auf.

Claudia lehnt sich in ihrem Stuhl zurück und schließt einen Moment die Augen. Dann erst fängt sie an zu sprechen. »Damals lebten wir noch in Moskau und waren manchmal in einer kleinen

Holzhütte am Arsch der Welt. Eine klassische Datsche eben, wie ein Ferienhaus, zu dem man auch am Wochenende fährt. Ein Haus mit Garten davor und ein klappriger roter Lada Niva, der uns dort hinfuhr. Ich weiß gar nicht mehr, wo Peter zu der Zeit war, aber an diesem Wochenende war ich mit euch alleine dort. Es war mitten in der Nacht, und dein Bruder, du und ich waren alle schon im Bett. Und plötzlich höre ich, dass unten jemand am Fenster werkelt. Mir ist das Herz sowas von in die Scheißsocken gerutscht. Ich wollte auf gar keinen Fall, dass euch was passiert. Zu der Zeit war Moskau in einem ganz seltsamen Zustand, und es war nicht so abwegig, dass da Leute vom Mob bei uns einbrechen. Und dann passierte etwas mit mir, das ich nur selten erleben durfte.« Während Claudia erzählt, beginnen ihre Augen zu leuchten. Mein Plan geht auf. »Wenn es so richtig eng wird, dann wirst du völlig wach, völlig klar und hochkonzentriert. Ich bin die Treppe runtergegangen, in die Küche, und sehe, wie zwei komplett besoffene Russen durch unser Fenster steigen. Völlig irrsinnig habe ich mich einfach vor die gestellt. Mein Russisch, das sonst eher brüchig war, war in diesem Moment fließend. Ich bilde mir ein, sogar akzentfrei. Ich war wie aufgedreht, alles funktionierte von allein, und ich musste kein bisschen nachdenken. Ich habe also diese Herren nett begrüßt, die sich erst kurz erschreckten, aber dann ein freundliches Gespräch mit mir führten. Sie waren wohl in der Sauna gewesen, ›Banja‹ nannten die das, und hatten es schön gehabt. Das bedeutete bei denen auch, dass in der Sauna gesoffen wurde, und dann musste ihnen wohl der Wodka ausgegangen sein. Was war also die geniale Idee dieser zwei besoffenen Russen: einfach mal in irgendeine Datsche einbrechen und gucken, ob die nicht was zum Saufen haben. Also habe ich denen gesagt, das sei ja nett, dass sie vorbeikommen, Wodka hätte ich selbstverständlich für die beiden Herren. Die wollten dann allerdings partout noch, dass ich mit ihnen komme. Man könne ja ein bisschen Spaß zusammen in der Sauna haben, meinten die. Ich sagte dann ganz freundlich Dankeschön. Sei nett, dass sie das vorschlagen würden. Aber ich habe zwei Kinder und bin *Mama*. Hab sehr betont, dass ich Mutter bin und nicht irgendeine Frau, die sie jetzt gebrauchen könnten. Da kriegen die Russen ein bisschen Schiss, weil sie dann an ihre eigene Mutter denken. Und wenn die mal sauer wird, ist Schicht im Schacht! Ich habe die beiden Männer dann ganz entspannt zur Haustür begleitet. Aber als ich schließlich die Tür hinter ihnen verschloss, habe ich erst so richtig Schiss gekriegt. Ich habe gezittert wie noch nie in meinem Leben. Als die Nummer gelaufen war und ihr beiden wieder in Sicherheit wart, da kam das plötzlich alles in mir hoch. Das war eine unglaublich starke Erfahrung.« Sie schweigt einen Moment und schüttelt den Kopf, dann spricht sie weiter. »Ich habe richtig gespürt, dass, wenn es eng wird, ich so viel stärker bin, als ich weiß. Ich hatte völlig neue Ideen, war so viel cooler, und das war faszinierend.« Claudia grinst, als sie davon erzählt. Diese Geschichte ist nur eine von mehreren, aus denen ich weiß, dass es während der Zeit in Moskau auch immer wieder gefährliche Situationen gegeben hatte. »Und kann ich das auf heute anwenden?«, fragt Claudia dann und ist plötzlich wieder ganz ernst. »Die große Gefahr wartet erst noch auf mich, aber ich habe das Heft des Handelns nicht mehr in meiner Hand wie früher. Da nutzt es mir auch nichts, dass ich irgendwann mal so mutig war.«

»Man sagt, nichts fokussiert den Geist so sehr wie eine drohende Hinrichtung«, sage ich, obwohl ich natürlich weiß, dass in Claudias Situation selbst der bevorstehende Tod nicht helfen kann.

»Warum klappt das bei mir dann bitte nicht?«, antwortet sie lachend. »Fokus könnte ich gebrauchen!«

Ich muss schmunzeln, aber in mir macht sich immer stärker eine Sorge breit. Ich weiß, der Alzheimer lässt sich Zeit. Ihr Zustand wird sich nicht auf einen Schlag verschlechtern. Stattdessen ist es schon jetzt ein langwieriger und mühsamer Prozess. Es gibt noch immer gute Tage. Da wirkt sie leicht desorientiert, aber noch nicht sterbenskrank. Doch in anderen Momenten ist sie nur noch verzweifelt – dann spüren wir alle den kalten Atem des Alzheimers im Nacken. Je gestresster Claudia ist, desto deutlicher schwimmen ihre Angst und Sorge an der Oberfläche. Ihr Mut und ihre Stärke, die ich immer von ihr gewohnt war, verschwinden dann beinah völlig. Wie der geschälte Apfel ist sie ihrer Umwelt dann vollkommen ausgesetzt, keine schützende Haut liegt mehr über ihrem Gemüt.

Krank zu werden hat Claudia auch optisch auf einmal um Jahrzehnte altern lassen, so scheint es. Vor ihrer Diagnose war sie für ihr Alter ziemlich frisch und fit, mittlerweile geht sie langsamer und viel gebeugter.

Alt zu werden ist inzwischen kein verlockendes Szenario mehr für mich. Für meinen eigenen Lebensmut versuche ich, es mir immer wieder schön zu reden und die Vorteile eines langen Lebens nicht aus den Augen zu verlieren. Aber jetzt gerade sehe ich keinerlei Vorteil im Alter. Dieser Lebensabschnitt wirkt auf mich nur noch wie eine ununterbrochene Reihe neuer Verluste. Oder wie der amerikanische Autor Philip Roth es noch viel brutaler ausdrückte: »Das Alter ist kein Kampf. Das Alter ist ein Massaker.«

Claudia hat Mühe, sich nach vorne zu beugen, um nach den Zigaretten zu greifen, die unter ihrem Stuhl liegen. Also richte ich mich auf und reiche sie ihr.

»Weißt du ...«, setzt Claudia vorsichtig an. »Zu wissen, dass es aufhört irgendwann ... das macht, dass ich ganz anders auf die Welt schaue. Ein Regen ist plötzlich so unglaublich schön. Oder das, was wir hier machen, in diesem Moment. Einfach zusammen im Paradies zu sein und in die Sterne zu schauen. Da spüre ich ganz deutlich, wie schön die Farben sind ... und diese Palmen ... und das Motorradfahren ... so unglaublich schön.« Sie greift meine Hand, die schlapp an der Seite meines Plastikstuhls herunterhängt. »Vielleicht muss ich mich daran orientieren. Einfach so lange weiterzumachen, wie ich das Gefühl habe, *meine Scheiße, ist das schön hier*. Hier auf Aitutaki fällt das natürlich leicht. Irgendwie muss ich das auch zu Hause hinkriegen.« Ich schweige, weil ich nicht weiß, wie ich ihr Hoffnung geben kann. Claudia blickt mich an. »Eine Sache macht mir dabei aber Angst. Der Alzheimer wird mich alles und jeden vergessen lassen. Heute sehe ich diese ganzen wunderschönen Dinge und kann sie genießen, weil dein Bruder und du euch um mich kümmert. Aber wenn ich niemanden mehr kenne, dann bin ich doch völlig allein mit der Krankheit! Ich bin mir nicht sicher, ob ich das alleine schaffen kann. Und vielleicht ist es dann doch besser, wenn ich dem eher früher als später ein eigenes Ende setze, verstehst du?«

Für eine Weile blicke ich still in den Nachthimmel, der sich scheinbar nur für uns zur Schau stellt. »Wenn du mich vergisst, vergesse ich dich doch noch lange nicht«, antworte ich dann. »Und solange ich da bin, werde ich versuchen, dir die schönen Dinge zu zeigen, die es auch dann noch für dich gibt und die noch funkti-

onieren.« Claudia nickt lächelnd und scheint ein Stück weit beruhigt. »Und natürlich habe ich Angst, genau wie du. Dein Tod ist aber auch deine Sache, das kann dir niemand abnehmen oder für dich entscheiden. Doch bis es so weit ist, bin ich da.«
Sie blickt zurück in den Himmel und stöhnt auf: »Hach ... wir haben's schon gut«, und schließt die Augen.

Ich muss grinsen, denn ich bin überzeugt, dass sie sich nicht an die Geschichte meines Bekannten und seines an Alzheimer erkrankten Vaters erinnert, den sie hier zitiert. Irgendwo findet eine Form der Erinnerung scheinbar doch noch statt, auch wenn sie den Ursprung niemals benennen könnte.

Ich bin stark von meiner Mutter geprägt, in vielerlei Hinsicht. Ihr Leben lang hat sie sich von so großen Bürden befreit und immer wieder für die guten Momente gekämpft. Jedem Widerstand zum Trotz. Und von diesen Erlebnissen zehrt sie noch heute. Die Momente, in denen sie nach jahrelanger Arbeit ein Buch fertig geschrieben hat – egal, wie erfolgreich es hinterher wurde. Die Momente in Lesungen, in denen sie Menschen begeisterte. Oder wenn sie voller Glück davon spricht, Mutter gewesen zu sein. Es scheint, als hätte sie dabei nicht viel lebendiger sein können. An guten Tagen redet sie voller Stolz über ihr Leben und darüber, was sie alles geschafft hat. An anderen ist sie streng zu sich und gibt sich die Schuld für alles, was nicht ideal verlief. Dabei hat sie so vieles richtig gemacht. Intensiv gearbeitet, gelebt und geliebt.

Ich sehe es überall um mich herum, wie schnell das Leben leblos werden kann. Aufwachen, arbeiten, essen, arbeiten, Netflix, schlafen ... Für eine Zeit ist diese Routine vielleicht in Ordnung und stabilisiert. Wenigstens kein Auf und Ab. Bequem in der Vorhersehbarkeit. Doch irgendwann erstrecken sich dieselben Tage in einer unendlichen Reihe. Schon sind Monate vergangen, und man blickt zurück, und nichts ist passiert. Die Zügel werden länger, die Kutsche schneller – das Leben rast dahin, bis es sich nicht mal mehr lebendig anfühlt. Jedes Mal, wenn der Alltag in Monotonie und Routinen versumpft, die so absurd wirken. Wissend, dass alles, was wir tun, für nichts ist und rational unbedeutend bleibt – haben wir dennoch dieses kleine Stück Freiheit. Und die besteht darin, unsere sinnlose Existenz anzunehmen, anstatt aufzugeben. Den Göttern den Mittelfinger zu zeigen und zu sagen: *Jetzt erst recht.*

Claudia atmet laut durch und blickt zu mir herüber. »So viele Fehler in meinem Leben. Damit kann ich mich nur ganz alleine beschäftigen. Aber denke dran, wie wahnsinnig normal das ist. Du wirst auch Fehler machen! Im Nachhinein denkt man häufig, das hätte man auch anders hinkriegen können. Konntest du aber nicht! Wenn ich an meine Fehler zurückdenke, dann hätte ich diese Situationen nie anders lösen können. Ich war nicht bereit, nicht aufnahmefähig genug, nicht reif, wach oder was auch immer genug. Und je mehr davon verschwindet, desto mehr geht es für mich in eine einzige Richtung. Ich gucke in eine Richtung, und es geht nicht mehr zurück. Ich kann mich nur noch auf jetzt konzentrieren und mit dir die Schönheit suchen. Ich hoffe, ich schaffe diese Übung. Mit dir schaff ich das vielleicht. Das ist jetzt meine Übung, und die ist ganz leise. Ich würde so viel Kraft vergeuden, wenn ich jetzt noch streiten würde. Jetzt kann ich nur noch … Liebe hinterlassen.«

ZU WISSEN, WIE DER HIMMEL KLINGT

Es ist unser letzter Sonntag auf Aitutaki, und Claudia möchte schon seit Tagen einen Gottesdienst besuchen. Übermorgen fliegen wir bereits zurück nach Deutschland, also müssen wir das unbedingt heute machen. Die Insel ist winzig und trotzdem überfüllt mit Kirchen aller möglichen Konfessionen. Über die Familie, bei der wir wohnen, und durch Gespräche mit Locals recherchiere ich den beliebtesten Gottesdienst der Insel. Frühmorgens will ich Claudia aufwecken, doch sie sitzt bereits fertig angezogen, rauchend und gut gelaunt auf der Veranda. Was wir heute vorhaben, hat sie nicht vergessen.

Und so fahre ich sie auf dem Roller ins Dorf. Die Kirche ist viel größer, als man es bei den wenigen Einwohnern der Insel vermuten würde, und mit Abstand das größte Gebäude weit und breit. An und für sich sieht die Holzkirche aus wie viele andere bei uns in Deutschland. Nur steht sie leicht schief, und die Holzlatten scheinen am Rande des statisch Möglichen übereinandergenagelt. Einige Nägel stecken verbogen und schief in den Brettern. Alle sichtbaren Makel wurden mit dicker weißer Farbe überpinselt, wodurch sie jedoch noch auffälliger sind, als sie es ohnehin schon wären. Ich wundere mich darüber, dass es überhaupt nicht genug Bäume auf Aitutaki gibt, um solche Kirchen zu bauen, und frage mich, ob sie vielleicht aus allen Schiffsrümpfen gezimmert wurden, die die Wellen über die Jahre an Land gespült haben.

Vor der Kirche ist bereits viel los. Über hundert Leute in Anzug und Kleid stehen schon bereit. Die Frauen tragen wunderschöne Hüte mit frisch gepflückten Blumen darauf befestigt. Die jungen Männer tragen blaue Uniformen und Piloten-Sonnenbrillen mit offensichtlich gefälschten Gucci-Logos an der Seite.

Wir betreten die Kirche durch das große weiße, in der Sonne strahlende Eingangstor und gehen ganz nach vorne. Jede Sitzreihe wird von zwei Ventilatoren belüftet. Erfahrene Kirchgänger haben zusätzlich einen Handfächer mitgebracht – der Rest schwitzt. Wir gehören zum Rest. Hier haben sich mehr Menschen versammelt, als ich auf Aitutaki je an einem einzelnen Ort gesehen habe. Und alle schweigen. In Verbindung mit dem Brummen der Ventilatoren, das durch die Kirche hallt, und dem leisen Flattern der Fächer entsteht ein geradezu himmlischer, hypnotisierender Klang.

Eine Frau in der ersten Reihe steht auf, als sie meine Mutter sieht, und begrüßt sie freundlich. Sie legt beide Hände auf Claudias Schultern, lächelt sie breit an und lädt sie ein, sich zu setzen. Claudia dreht sich irritiert zu mir um und fragt, ob wir die Frau schon kennen. Wir kennen sie nicht.

Der Gottesdienst ist auf Maori, also verstehen wir natürlich kein Wort. Aber das ist auch gar nicht notwendig. Als die Gemeinde zu singen beginnt, fängt meine Mutter an zu weinen. Ich halte ihre Hand fest in meiner. Nie war ich religiös, aber das muss man auch gar nicht sein, um die Besonderheit dieses Moments zu spüren. Der Gesang hat einen uns völlig unbekannten Klang. Ein Chor aus mindestens vierzig Leuten im Alter zwischen etwa siebzehn und fünfundneunzig Jahren sitzt in der ganzen Kirche verteilt. Manche der Frauen trällern ihre Harmonien über den schiefen und gleichzeitig harmonischen Gesang der anderen. Die jungen Männer in blauer Uniform rufen stoßartig ein kriegerisches Raunen dazwischen. Es ist ein wildes und doch geordnetes Durcheinander, das nicht funktionieren dürfte und dennoch unfassbar schön klingt.

Als ich wieder zu Claudia sehe, die mit offenem Mund um sich blickt, laufen mir ebenfalls Tränen die Wangen hinunter. Ich bin in diesem Moment so wahnsinnig stolz, sie an diesen Ort gebracht zu haben. So froh, dass wir uns das getraut haben. Ein Glück sind wir hier.

Muss man am anderen Ende der Welt stehen, um die Hand seiner weinenden Mutter zu halten? Kann man Hoffnung nur in den Palmen finden? Mit Sicherheit nicht. Und ich kann unmöglich sagen, wie es mir zu Hause in Deutschland damit ergangen wäre. Aber zu verstehen, was ihre Krankheit für uns als Familie bedeutet, und diese Gespräche mit ihr zu führen wäre mir wohl alles wert gewesen. Wir sind hierhergereist, um die Dinge von der anderen Seite zu betrachten und so weit wie möglich von allem wegzukommen. Hier und da habe ich meine Mutter am Ende der Welt glücklich machen können, so wie ich es mir von Beginn an als Ziel gesetzt habe. Und an diesem Morgen in der Kirche haben wir unverhofft ein Stück des Himmels gefunden.

Als wir wieder an unserer Hütte ankommen, verabschiedet Claudia sich mit einer festen Umarmung von mir, setzt sich wie gewohnt auf ihren Stuhl auf der Veranda und raucht Kette. Ohne es auszusprechen, lässt sie mich spüren, dass sie heute lieber nicht mehr reden möchte. Und mir ist es recht. Claudia und ich müssen das Erlebte beide ein wenig sacken lassen.

Während ich erst die Kinder bespaße und anschließend die Sau füttere, blickt Claudia durchgehend auf die große Palme, die vor ihr auf der Wiese steht. Ihr leichtes Lächeln hat an diesem Tag etwas Zufriedenes.

Am nächsten Morgen, einen Tag vor unserer Abreise, trete ich aus meinem Zimmer in das Sonnenlicht und sehe Claudia wie gewohnt an ihrem Platz, als hätte sie sich seit gestern nicht vom Fleck bewegt. Sie winkt mich zu sich, und ich lasse mich in den Stuhl neben ihr fallen.

»Morgen, Chef!«, begrüße ich sie mit einem breiten Grinsen.

»Wann fliegen wir wieder nach Hause?«, fragt Claudia.

»Morgen früh. Wir nehmen den ersten Flieger.«

»Schade. Ich hab's befürchtet«, entgegnet sie und kramt in ihrer Tasche nach einer neuen Packung Zigaretten. »Den ganzen Morgen schon denke ich über eine bestimmte Sache nach«, fährt sie währenddessen fort, findet die Zigaretten irgendwann und steckt sich eine an. »Ich überlege zurückzukehren. Seit gestern denke ich die ganze Zeit daran.«

»Zurückzukehren zu was?«, frage ich nach.

»Wäre ich heute noch so fromm wie früher, dann könnte ich all meine Fragen, Ängste und Gefühle einfach in die Hand Gottes legen und sagen: ›Kümmere du dich um mich.‹ Ein richtig gläubiger Mensch kann so auf eine sehr angenehme Art und Weise, Gott befohlen sozusagen, ziemlich lange Halleluja singen. Deshalb wollte ich hier auch so gerne in eine baptistische Kirche. Ich hab's ein wenig geahnt, dass mir etwas Bekanntes zurückkommen würde. Früher war ich so gerne Baptistin, und hier auf Aitutaki finde ich vielleicht wieder dahin zurück. Deshalb auch die Baptist Church gestern, weil ich früher Baptistin war.«

Der Gottesdienst, in dem wir einen Tag zuvor waren, war kein baptistischer, sondern ein katholischer Gottesdienst. Das hatte ich ihr natürlich auch mehrfach gesagt. Aber Claudia beschreibt in diesem Moment mit einer solchen Freude, dass es sich um eine baptistische Gemeinde handelte. Was würde ihr die Information da bringen, dass es anders war? Dies ist einer der wenigen Momente, in denen der Alzheimer ihr etwas Schönes dichtet. Gut so. Ich werde den Teufel tun, ihr diese Freude zu nehmen.

»Es fühlt sich gut an, wieder *back to the roots* zu gehen, zu etwas ganz Vertrautem zurückzukehren. Ist es möglich, dass ich sozusagen ... in diese ... in diese Welt zurückkehre? Sicher und behütet meine Existenz hier beende und mich wieder in die Hände Gottes und einer Gemeinde begebe? Darüber denke ich schon den ganzen Morgen nach. Denn das gestern, das war magisch für mich. Nur leider kann ich mich kein Stück an die Predigt erinnern. Du? Ich hab's nicht mehr auf der Platte, was der da erzählt hat. Erinnerst du dich noch?«, fragt Claudia und blickt mich gespannt an.

»Die ganze Predigt war auf Maori«, antworte ich.

»Ach siehste, deshalb konnte ich es gar nicht verstehen«, lacht sie. »Auch nicht so wichtig. Die sagen sowieso meistens das Gleiche. Erde hier, Himmel da, Jesus gut, Hölle schlecht, schnick, schnack, tot. Aber das Drumherum hat mir sehr gefallen. Die haben einfach bezaubernd gesungen. Da stand doch so eine Reihe von jungen Männern, hast du die auch gesehen? Alle von ihnen hatten dunkle Brillengläser an, das weiß ich noch, und bei bestimmten Teilen der Lieder hatten sie ihren eigenen Chorus, den sie reinwarfen – fast wie ein Brunftschrei klang das. Aber nicht albern, gar nicht albern! Die haben das sehr ernst genommen, und so klang es auch.« Ich nicke zustimmend. »Und dann diese Frauen ...«, Claudias Stimme bricht kurz, und sie ist hörbar gerührt. »Wie die gesungen haben, boah, das klang ... Woah, das klang wie aus dem Himmel! Das war gar kein richtig *schöner* Klang. Also schon gut gelernt und geübt; so eins, zwei, drei, vier und so weiter. Aber das war so eine ... eine Wucht von Lied. Lieder, wie ich sie noch nie gehört habe. Und ich glaube, so muss der Himmel klingen. Es kann überhaupt nicht anders sein, Lukas.« Claudia wischt sich eine einzelne Träne von der Wange.

»Als die begonnen haben zu singen, hast du weinen müssen. Weißt du noch, warum?«, frage ich.

»Na, das war einfach so zauberhaft. Ich dachte, das muss eine Form von Engeln sein, die es auch auf der Erde gibt. Dass die nun so aussehen oder man bis hierhin reisen müsste, habe ich nicht gewusst. Wenn so der Himmel ist, gehe ich da gerne hin. Wirklich gerne.«

Claudia lächelt und sieht aus, als wäre sie in diesem Moment völlig mit sich im Reinen. Was würde ich dafür geben, ihr sagen zu können, dass es tatsächlich genau das ist, was uns nach dem Tod erwartet. Aber das kann ich nicht, und so ist alles, was mir bleibt, ihren zuversichtlichen Blick zu erwidern.

»Und dann saß da neben mir diese Frau«, fährt sie fort, »die wissen wollte, wo ich herkomme. Hast du sie mitbekommen?«

»Ja, klar.«

»Mit ihr hatte ich sofort diese alte Vertrautheit, wie ich sie aus meinen Kirchentagen kenne. Diese Frau, die neben mir saß, die redete so wie die Leute damals. Sie war eine *Sister in Lord*, verstehst du, was das heißt? Du triffst jemanden zum allerersten Mal, und nur weil ihr einen ähnlichen Glauben habt, gehört ihr zu einer Familie. Und da gibt es auch nicht mehr viel zu erklären. Da ist es egal, ob sie hier lebt und ich ganz woanders. Ob ich meinen Verstand verliere und sie topfit scheint. Ich habe gestern noch ziemlich lange darüber nachgedacht, wie ich das empfunden habe. Und dann bin ich zu einem Entschluss gekommen: Mein riesiger Drang nach Unabhängigkeit und Freiheit ist noch immer sehr stark. Aber ich sehe gleichzeitig die Notwendigkeit, mir eine alte Vertrautheit wiederzuholen. Weißt du, was ich meine?«

»Du willst zum Glauben zurückkehren?«, frage ich.

»Ja, ich denke schon. Es gab eine Phase in meinem Leben, in der ich wirklich sehr gerne Christin war. Es war nicht immer schlimm. Und diese Vertrautheit, die wie Heimat erscheint, ist mir hundertmal lieber, als in irgendeinem städtischen Heim zu enden. Ich suche, nein, ich *brauche* dringend etwas, das mir vertraut ist, weißt du? Etwas, das ich auch kann, wenn ich sonst nichts mehr kann. Wenn mein Verstand mich verlässt, womit fülle ich diese Lücke? Das darf nicht nur ein dumpfes Loch sein. Ich kann nicht einfach vor mich hinglotzen und sonst nichts mehr tun.« Sie sieht mich eindringlich an. »Und deshalb heulte ich da in der Kirche, weil ich mich erinnerte, wie schön das damals oft war. Ich habe mich aus gutem Grund irgendwann vom Glauben abgegrenzt. Ich bin raus aus dieser Gemeinschaft, und das war das Schwerste, was ich je gemacht habe. Deshalb zögere ich auch, denn wenn ich jetzt wieder zurück in die Kirche gehe, denken die doch: ›Halleluja! Jetzt ist es doch noch passiert.‹ Und diese Genugtuung will ich denen eigentlich nicht geben. Für die komme ich nicht zur Kirche zurück. Sondern weil ich nun auch das Gute darin sehe. Ich mache das nur für mich, und ich brauche meinen eigenen Weg.« Sie richtet sich in ihrem Stuhl immer weiter auf, bis sie wirkt, als könnte sie sich jede Sekunde vom Stuhl abstoßen und zum Himmel aufsteigen.

»Das war etwas ganz Besonderes gestern«, sage ich schließlich. »Ich habe mit Religion wirklich nichts am Hut, das weißt du. Meine ganze Kindheit über kannte ich schon deinen Schmerz, den du mit der Kirche hattest. Ich wollte damit nichts zu tun haben. Selbst gestern war es in mancher Hinsicht eine Überwindung für mich, in einen Gottesdienst zu gehen. Einfach weil ich so vieles daran derartig bescheuert finde. Aber dort zu stehen ... mit dir an der Hand ... am anderen Ende der Welt ... diese unfassbare Musik zu hören und diese wundervolle Stimmung dort zu spüren ... Das hat etwas Unfassbares mit mir gemacht. Und dann musste ich auch weinen. Dieses türkise Meer, eine Predigt, von der ich nichts verstehe, dieser Gesang, den auch ich so noch nie gehört habe. Unglaublich war das.«

Plötzlich ertönt ein herzerwärmendes Lachen hinter uns. Die drei Kinder jagen das kleine Ferkel um meinen Roller herum, während die Schweinemama geduldig zuschaut. Millas Vater sitzt auf seinem Sessel und freut sich stillschweigend. Die werden mir auch fehlen, wenn wir bald wieder in Deutschland sind.

Als Milla die Kinder zum Frühstück ins Haus ruft und das Lachen verebbt, rede ich weiter. »Seit du krank geworden bist, machte sich in mir eine immer größer werdende Bedeutungslosigkeit breit. Für eine Weile, und auch manchmal während unserer Zeit hier auf Aitutaki, wurde ich immer überzeugter davon, dass eigentlich nichts eine Bedeutung hat im Leben.« Für einen Moment halte ich inne. Denn natürlich haben die sich immer und immer wiederholenden Gespräche mit Claudia einen großen Anteil an der empfundenen Sinnlosigkeit, von der ich hier spreche. Ich weiß nicht, wie oft ich schon mit Claudia über die Möglichkeit ihres Suizids gesprochen habe. Jedes einzelne Mal kündigt Claudia das Gespräch sehr vorsichtig an, und ich erkenne längst an der Art ihrer Betonung, dass sie fragen möchte, ob sie freiwillig gehen darf. Ein einziges Mal ein solches Gespräch zu führen ist für einen Sohn schon Herausforderung genug. Aber allein in den letzten drei Wochen habe ich dieses Gespräch oft mehrmals am Tag führen müssen. Und es ist nicht so, dass wir auf den vorangegangenen Argumenten oder Ideen aufbauen könnten; es ist nicht so, dass auch nur eine einzige Aussage bei ihr hängen geblieben wäre. Es ist immer nur das gleiche bedeutungslose Gespräch darüber, dass Claudia den Alptraum, alles zu verlieren, nicht ertragen möchte. Und so wird selbst eine Unterhaltung, die über Leben und Tod entscheiden könnte, vollkommen alltäglich und bedeutungslos.

»Na ja ...« fahre ich fort. »Immerhin für diesen kurzen Moment in der Kirche wurde diese Sinnlosigkeit ein Stück weit in Frage gestellt. Ich für mich brauche Gott nicht. Ich will ihn auch nicht. Ich bin wütend auf die Kirche, nicht zuletzt, weil sie damals so ungerecht zu dir waren. Aber diese Bedeutungslosigkeit ist ein Zustand, mit dem ich nicht leben möchte. Und diese Verbundenheit mit dir und allem gestern – daran kann ich glauben.«

»Weißt du, Lukas ...«, sagt Claudia mit weichem Blick. Sie wirkt gerade völlig gesund und ganz bei sich. »Es ist beinah egal, ob es Gott wirklich gibt oder nicht. Ich lebe einfach, als wäre es der Fall. Es liegt allein in uns zu entscheiden, woran wir glauben und was dieser Glaube in uns auslöst. An Gott zu glauben ist nicht so wild, verglichen mit all den Sachen, an die Menschen sonst so glauben. Einige, wie meine Eltern damals, die wollen nur Kohle und sehen darin ihren Sinn – aber wenn das dein Glaube ist, dann wirst du nie genug haben. Wenn du an nichts glaubst, dann gelingt es nur den Wenigsten, mit dieser Wahrheit gut zu leben – die meisten verfallen in eine Stumpfheit, die schwer zu ertragen ist. Das wünsche ich dir nicht. Wenn ich also daran denke, zu Gott zurückzukehren, dann frage ich mich auch: Was ist die Alternative? Es gibt so viele Varianten des Lebens, und grundsätzlich stehen sie uns alle zur Verfügung. Selbst wenn es sich mit einigen meiner Ansichten oder Erfahrungen widerspricht, nehme ich mir diese Ingredienz einfach für eine gewisse Zeit. Ich muss ja nicht in jeder Sekunde damit befasst sein. Wenn es in diesem Moment ein religiöses Gefühl gibt oder sogar ein himmlisches … dann ist das für diesen Moment so. Aber das bedeutet nicht, dass ich dauernd beteuern muss, dass ich das denke oder daran glaube. Wichtig ist nur, was ich fühle. Und das gestern, Lukas, das war ein richtig schönes Gefühl.« Sie lächelt, lehnt sich in ihrem Stuhl zurück und schließt zufrieden die Augen.

Ich sitze mit meiner Mutter am Rande der Welt und lasse die Beine baumeln. Wenn wir hier für immer bleiben würden, könnte uns kein Suchtrupp finden, nicht einmal die deutsche Feuerwehr. Und wenn doch, würden sie vielleicht bleiben – so schön ist es hier. Für den Moment betrachte ich die Mission meiner Reise, Claudia glücklich zu machen, als erfolgreich. Ich weiß, dass all das Glück, die Zuversicht und auch die Liebe, die meine Mutter gerade empfindet, verschwinden werden wie der Rauch, den sie in den pazifischen Wind pustet. Und doch habe ich begriffen, dass es sich trotzdem lohnt. Ihr glückliches Gesicht auf der anderen Seite der Welt zu erleben ist ein Schatz, von dem ich noch lange zehren werde.

Es ist unser letzter Tag auf Aitutaki. Sechzehn Tage haben wir auf dieser kleinen Insel in der Südsee verbracht. Ich würde an diesem letzten Tag gern noch etwas Besonderes mit Claudia machen, aber wir haben alles gesehen, geschmeckt und erlebt, was es zu sehen, zu schmecken und zu erleben gibt. Unsere Heimreise wird drei Tage dauern, und ich bin im Kopf schon viel damit beschäftigt, zu planen und den Überblick über alles Wichtige zu behalten. Habe ich die Pässe? Haben wir alles gepackt? Haben wir alle Dokumente für Ein- und Abreise, und wo kann ich uns ein Zimmer auf der größeren Insel buchen, auf der wir zwischenlanden und sieben Stunden Aufenthalt haben werden?

Eine letzte Überraschung habe ich für heute aber doch noch vorbereitet. Immer wieder habe ich in den letzten Tagen alle möglichen Leute nach Rat gefragt, und zigmal wurde ich an die nächste Person verwiesen. Aber gestern habe ich endlich den Tipp bekommen, den ich gebraucht habe. Millas Vater, der alte Mann, der noch immer kein einziges Wort mit mir gesprochen hat, hat mir gestern einen kleinen Zettel auf das Kreuzworträtsel gelegt. Auf dem Zettel standen eine Adresse und ein Name, den ich kaum aussprechen kann: Rongomatane Ada Ariki.

Ich fahre mit dem Roller und Claudia im Schlepptau über einsame Schotterwege zu einem Teil der Insel, auf dem wir nur wenig Zeit verbracht haben. Wirklich schön ist es hier nicht. Die meisten Palmen sind entfernt worden, und am Strand stehen zwei rostige Bagger. Der Weg endet in wildem Gestrüpp, das von einer tiefen Erdmulde durchschnitten wird. Wir stellen den Roller ab und bahnen uns zu Fuß einen Weg durch das Gesträuch. Im Vergleich zum Rest der Insel wirkt dieser Ort fast gespenstisch, und durch die fehlenden Palmen ist es noch dazu recht windig. Claudia fragt perplex, was wir hier machen, aber ich schweige.

Einige Meter müssen wir noch gehen, dann wirbelt ein steifer südpazifischer Novemberwind salzige Meeresluft gegen eine schachbrettartige Anordnung von über- und unterdimensionierten Grabsteinen und Kreuzen vor uns. Wir haben den Friedhof von Aitutaki erreicht.

Als Claudia weiter fragt, was wir hier tun, nehme ich ihre Hand, drücke sie fest mit meiner und ziehe sie hinter mir her, bis wir direkt vor einem der Grabsteine stehen. Er ist fein säuberlich aus dunklem Sedimentschiefer gehauen und steht auf einer polierten Granitplatte. Darauf ist ein langer Name eingraviert. Eben der Name, den der alte Mann für mich herausgefunden hat. Claudia sieht mich noch immer fragend an.

»Weißt du, wessen Grab das ist?«, frage ich.

»Ist es Klaus Kinski?«, fragt Claudia lachend zurück.

»Der liegt weiter hinten«, spaße ich. »Ich habe länger gebraucht, um herauszufinden, wer sie gewesen sein könnte. Aber wegen ihr sind wir schließlich hier. Ich hatte gehofft, sie wäre noch am Leben, aber sie ist letztes Jahr gestorben. Das ist das Grab der ersten Bürgermeisterin Aitutakis, über die du damals geschrieben hast und die uns beide hierhergebracht hat.«

Claudia bleibt erst ganz still und geht dann einen Schritt auf das Grab zu. »Schön hast du es hier«, sagt sie und legt ihre Hand auf den Grabstein. »Wenn ich auch so einen netten Platz für mein Grab finde, dann bin ich glücklich«, fügt sie dann an und blickt umher. »Ich sollte probeliegen!«, verkündet Claudia dann plötzlich, und einen Augenblick später legt sie sich längs neben das Grab der Bürgermeisterin auf den Rasen, überkreuzt wie Nosferatu die Arme vor der Brust und schließt die Augen. Für bestimmt zehn Sekunden bleibt sie ganz still liegen, bis sich ein einzelnes Auge öffnet und sie mich anlächelt. »Schattenplatz und Südhang würde mir besser gefallen. Was meinste?«, sagt sie und nickt mit dem Kopf zu ihrer Seite.

Sofort lege ich mich neben sie, verschränke ebenfalls auf vampirische Art die Arme vor die Brust und drücke meine Augen fest zu. »Ja, ich weiß, was du meinst! Schwierig. Windschatten könnte das Grab auch vertragen. Fängt man sich sofort 'n Schnupfen ein, wenn man hier verwest«, antworte ich, woraufhin Claudia kichernd aufspringt. Sie zündet sich eine Zigarette an, zieht fest daran und atmet den Rauch pulsierend wie eine kleine Lokomotive, aus Mund und Nase.

Wir marschieren über die Wiese hin und her von Grab zu Grab. Neben einem halben Dutzend liegen wir Probe. Ganz zuletzt legt sie sich noch einmal zum Grab der Bürgermeisterin.

»Weißte, Lukas, manchmal denke ich, das Sterben macht mir nichts aus. Aber dich werd' ich vermissen! Deinen Bruder auch. Ihr werdet mir fehlen, wenn ich tot bin«, sagt Claudia.

»Noch hast du eine ganze Weile vor dir, aber du wirst mir auch fehlen«, antworte ich, lege mich wieder zu ihr und greife ihre Hand. Claudia seufzt und schweigt. Für ein paar Minuten bleiben wir einfach dort liegen und hören dem Wind und den Wellen zu. Irgendwann blicke ich zu ihr rüber. Sie hat die Augen geschlossen und trägt ein friedliches Lächeln auf den Lippen.

Am nächsten Morgen machen wir uns früh auf den kurzen Weg zum Flughafen. Wir verabschieden uns noch von unserer Vermieterin, von den kleinen Mädchen, die mir über die Zeit ganz schön ans Herz gewachsen sind. Ich winke Millas Vater zu, der mit einer großen Machete Kokosnüsse für die Sau aufschlägt. Er nickt mir leicht zu, und ich entscheide, dass das heißt, dass er mich mag und mir alles Gute wünscht.

Als ich die winzige Treppe ins Flugzeug hinaufsteige, blicke ich mit einer Portion Wehmut im Handgepäck ein letztes Mal zurück und versuche die Palmen und den weiten blauen Himmel noch einmal ganz bewusst aufzusaugen. Vielleicht ... vermutlich sogar, sehe ich diesen Ort nie wieder. Ich muss lächeln.

Es gibt keinen Gott, zu dem ich beten könnte, aber ich hoffe wirklich, dass ich dich doch eines Tages wiedersehen werde, Aitutaki. In einer Lebensphase, in der Erinnerungen zum Luxus geworden sind, weiß ich, dass ich dich nie vergessen werde. Genau so sehen Lebensträume aus.

Claudia und ich haben Totsein geübt am Ende der Welt.

Das nimmt uns niemand mehr.

Nicht mal Alois.

EINE TOTE MUTTER HAT KEINEN SOHN

Nach einer Reise um die halbe Welt kommen wir wieder in Deutschland an. Mein Freund und Geschäftspartner Tim holt uns am Flughafen ab. Als wir das Terminal verlassen, regnet es draußen in Strömen, und es ist sehr kalt. Tim steht schon mit einem Regenschirm bereit und bringt uns zum Auto. Wir fahren zuerst Claudia nach Hause. Die Reise zurück nach Deutschland war für uns beide unwahrscheinlich anstrengend. Als wir an ihrer Wohnung ankommen, bringe ich sie und ihr Gepäck hinein, während Tim im Auto auf mich wartet. Ich stelle ihren Koffer in ihrer Wohnung ab, umarme sie fest, frage, ob sie noch irgendwas braucht, und verabschiede mich dann. Es ist seltsam, sie alleine in der Wohnung zurückzulassen. Ich muss mein Gewissen beruhigen, dass es in Ordnung ist, nun nicht mehr in jedem Moment auf sie zu achten.

Als ich mich zurück auf den Beifahrersitz des Autos fallen lasse, breche ich zusammen. Die Anspannung, die sich in den letzten Wochen in mir aufgebaut hatte, fällt schlagartig ab.

»Lukas?«, fragt Tim vorsichtig.

Ich kann nichts sagen; ich kann nichts fühlen. Ich bin mir nicht sicher, was ich von mir weggeschoben habe, aber plötzlich ist alles an der Oberfläche, und ich weiß nicht, wie ich damit umgehen soll. Claudias Zustand ist viel schlimmer, als ich vor unserer Reise gedacht hatte. Das volle Ausmaß, wie viel von der Person, die ich liebe, bereits verschwunden ist, ist mir nun klar. Und obwohl ich in der Lage bin, mit ihrem jetzigen Zustand umzugehen, habe ich panische Angst vor der Zukunft. Noch nie in meinem Leben habe ich echte Verzweiflung gespürt, und nun trifft mich die Realität des täglichen Lebens wie ein Schlag ins Gesicht. Vielleicht habe ich in den letzten Monaten nur die Rolle eines Sohnes gespielt, der damit umzugehen weiß. Es ist eine Rolle, die ich keine Sekunde länger ausfüllen kann. Ich wüsste nicht, wie.

Über die nächsten Wochen versuche ich jeden Tag so viel zu arbeiten, wie ich nur kann. Ich versuche, unter keinen Umständen auch nur eine einzige freie Sekunde zu haben, in der ich an meine Mutter denken könnte. Freunde fragen mich, wie unsere Reise war, und ich frühstücke sie mit so etwas wie »ziemlich aufschlussreich« ab, ohne dann weiter darauf einzugehen. Vielleicht hat das Paradies auf der anderen Seite der Welt all die Einsichten und guten Absichten einfacher erscheinen lassen, als sie tatsächlich sind? All die guten Vorsätze scheinen vergessen, sobald ich mit alltäglichen Problemen konfrontiert werde. Claudia tut sich schwer, wenn ich nicht da bin, und die Erinnerungen an Aitutaki verblassen bereits. Nur wenige Wochen nach ihrer Rückkehr denkt sie, dass unsere Reise schon Jahre her ist. Ich erinnere mich daran, dass wir die Reise nie für schöne Erinnerungen gemacht haben. Aber das kann ich nicht immer begreifen.

Mit Claudia zu sprechen fällt mir zunehmend schwerer. Die Überdosis unermüdlicher Unsicherheit ertrage ich einfach nicht mehr. Häufig erinnere ich mich nun daran, wie gesund sie mal war, und an all die Gespräche, die wir damals führen konnten. Wie ein

Feigling will ich plötzlich nicht mehr akzeptieren, dass es wirklich meine Mutter ist, die nun für immer dement sein wird. Die Frau, die ich als meine Mutter kenne, existiert nicht mehr. »Hier steht eine verdammte lebende Leiche«, denke ich einmal, »nicht annähernd lebendig. Sie ist nichts im Vergleich zu der Frau, die ich liebte.«

Dann fange ich an zu vergessen, wie Claudia war, als sie gesund war. Die Erinnerungen entgleiten mir nach und nach, fast wie ihr selbst. Jahrelang hat Claudia gekämpft, sich aus einer furchtbaren Kindheit befreit und alles getan, um ihren Missbrauch aufzuarbeiten. Sie hat so sehr dafür gekämpft, sich zu befreien. Und wofür? Damit sie jetzt alles vergisst? Das kann nicht fair sein.

Jeden Abend, wenn ich von der Arbeit zurück nach Hause komme, fange ich wieder mit der Arbeit an. Tagein, tagaus – das Gleiche. Und ich erkenne selbst das Muster wieder, das ich nie leben wollte. Hauptsache nichts fühlen, bloß nicht an Claudia denken. Ich sehe sie natürlich immer noch. Nicht jede Sekunde des Tages wie auf Aitutaki, aber mehrmals pro Woche für Arzttermine, um sie zum Mittagessen auszuführen oder alltägliche Probleme zu lösen. Ich arbeite diese Aufgaben ein Stück weit ab. Ich versuche nicht nachzudenken und löse ein Problem nach dem anderen. Aber wenn ich zu sehr in das Gefühl hineingehe, spüre ich die Verzweiflung wie einen starken Druck auf meiner Brust.

Eines Abends sitze ich in der Wohnung meines Vaters. Mein Bruder Moritz sitzt neben mir. Wir haben uns hier verabredet, um Claudias Termine zu besprechen und aufzuteilen, wer sich um was kümmern wird. Jeder Satz meines Vaters birgt eine neue Verantwortung, die ich nicht mehr tragen will. Wer kümmert sich um die Pflegestufe und die Beantragung von Claudias Behindertenausweis? Wer macht ihre Finanzen und die Steuererklärung? Wer besucht sie wann und wie lange? Wer kümmert sich darum, dass sie ausreichend isst? Wer erinnert sie an eine Masse an Therapieterminen? Wer fährt sie dorthin? Ein Agendapunkt nach dem anderen, und ich kann mich einfach nicht konzentrieren oder zuhören.

»Lukas, du hast am meisten Zeit mit ihr verbracht. Wie schätzt du ihren Zustand ein?«, fragt mich mein Vater.

»Ach, Peter. Keine Ahnung. Sie ist tot. Was soll ich dazu noch sagen?«, ist alles, was ich entgegnen kann.

Mein Vater runzelt die Stirn, widerspricht mir, und irgendwann endet die Situation in einem Streit, in dem ich meinem Vater und meinem Bruder Schläge androhe. Beide erkennen mich nicht wieder, und ich höre mir auch selbst wie ein Fremder zu. Ich verstehe absolut nicht mehr, was in mir vorgeht.

Es dauert nur noch eine Weile, bis Tim mich auf der Arbeit zur Seite zieht. Über die Wochen hat er gemerkt, wie schlecht es mir geht. Er kommt auf mich zu und legt seine Hand auf meine Schulter.

»Ich weiß, dass du gerade nicht anders kannst«, sagt er. »Aber wann und wie hört das auf? Wenn du schon Scheiße fressen musst, dann knabbere nicht so affig dran herum. Wenn du trauern musst, egal wie, mach es wenigstens richtig. Mach's richtig! Wie lange brauchst du?«

Mein Gesichtsausdruck durchläuft eine Reihe von Aggregatzuständen, die vielleicht nicht alle angemessen und aufrichtig wirken. Aber ich weiß, er hat recht.

»Ich hab genug. Ich komm klar. Ich *muss* klarkommen!«, antworte ich.

Tim nickt mir zu und setzt sich zurück an seinen Computer. Es ist dieser Moment, in dem ich mir verspreche, mit dieser Situation von nun an wieder so gut umzugehen, wie ich nur kann. Es ist Claudias Arbeitswut, die ich in mir spüre, und ich entschließe, durch diese Krise zu gehen, ohne zynisch oder destruktiv zu sein.

Eine Woche später habe ich einen Therapieplatz gefunden, mache wieder täglich Sport und arbeite an einem echten Umgang mit Claudias Krankheit.

Einige Tage später ruft mich meine Mutter auf dem Handy an. Sie hat wieder ein kleines Problem mit ihrem Computer, das ich auch am Telefon relativ schnell gelöst bekomme. Anschließend fragt sie, wie es mir geht, und ich antworte ehrlich, dass ich mich die letzten Wochen nicht besonders gut gefühlt habe. Ich sage nicht, dass es an ihrer Krankheit liegt, sondern einfach: »Du, Claudia, ich hab den Blues.«

Sie tröstet mich mit einfühlsamen Worten, muntert mich auf und zitiert die Bremer Stadtmusikanten. »Was Besseres als den Tod findest du überall, mein Junge«, sagt sie.

Und da steigen mir Tränen in die Augen, weil ich plötzlich das Gefühl habe, wieder mit meiner Mutter zu sprechen, die ich für eine Weile tot geglaubt habe. Alzheimer wirkt in diesem Moment auf einmal wieder so fern, als wäre Alois gar kein Teil von ihr. Diese Momente einzuatmen und mir einzuprägen, als wäre es das letzte Mal, ist eine Herausforderung, die mir endlich wieder leichter fällt.

Am selben Abend ruft Claudia mich erneut an – die Erinnerung an unser vorangehendes Gespräch ist nun, wenige Stunden später, für sie schon nicht mehr abrufbar.

»Lukas ...«, sagt sie. »Ich weiß nicht, warum, aber ich habe das Gefühl, es stimmt irgendetwas nicht mit dir. Geht's dir gut? Kann ich helfen?«

Und wieder erzähle ich Claudia, wie es mir geht, als hätten wir nie darüber geredet, und sie tröstet mich wie nur Stunden zuvor. Sie macht mir Mut, und es rührt mich zutiefst. Nicht nur wegen all der wundervollen Ratschläge, die sie noch immer geben kann, sondern vor allem, weil es meine Mutter ist, die mir hier hilft. Es fühlt sich wie ein Wiedersehen an, das ich selbstverschuldet für Wochen vermieden habe.

Auch an den folgenden drei Tagen ruft Claudia mich täglich mindestens einmal an, erinnert sich auf keine Weise an unsere Gespräche zuvor, aber erzählt, dass sie das Gefühl hat, dass irgendetwas mit mir nicht stimme, und fragt, ob sie mir helfen kann.

Wieder einmal fällt mir auf, wie sehr Claudia sich mit Alois im Schlepptau über ihr Gefühl orientiert. Wie eine Person, die erblindet und deren Fähigkeit zu hören daraufhin ganz besonders scharf wird – so funktioniert auch Claudias Gemüt auf Hochtouren. Sie fühlt so intensiv, so sanft und fein. Sie spürt, wie es den Leuten um sie herum geht. Alzheimer ist eine Krankheit im Gehirn. Doch das Herz – das Herz hat keine Demenz.

In einem Telefonat erzähle ich Anika, wie wundervoll ich diesen Austausch mit Claudia fand und dass ich mich schäme, je das Gefühl gehabt zu haben, ich hätte keine Mutter mehr. Anikas Antwort würde für immer meinen Umgang mit Claudia verändern:

»In dem Moment, wo du keine Mutter mehr hast ...«, sagt sie, »... da nimmst du ihr auch den Sohn.«

Im wahrsten Sinne des Wortes verdanke ich Claudia meine Existenz. Und was wäre ich für ein Sohn, wenn ich ihr in der Phase größter Not den Sohn entziehen würde? Sie ist so viel unsicherer, die Defizite nehmen zu, der einst so große Filter, die dicke Schale, die sie über Jahre aufgebaut hatte – die ist nicht mehr da. Aber Claudia *fühlt* noch genau wie meine Mutter, als sie gesund war. Meine Mutter, die sie bis zuletzt bleiben wird. Ab heute liebe ich meine Mutter palliativ.

Die Erkenntnis, dass Claudia nun vor allem Gefühl bleiben wird, löst jedoch nicht alle Probleme. In beinah allen Interaktionen mit engsten Vertrauten verlässt man sich auf Absprachen, rationales Vertrauen und all die Dinge, die den Gesunden nur so zufliegen. Auf der einen Seite nehme ich sie für voll, weil ich sie liebe. An anderen Punkten muss ich mich selbst davor schützen, sie zu ernst zu nehmen.

Immer wieder kommen neue Herausforderungen. An einem völlig normalen Dienstag, nur wenige Monate nach unserer Rückkehr, ruft mich Claudia aus dem Nichts an. Sie sagt, wie enttäuscht sie von mir sei, weil ich sie im Stich lasse. Ich hatte die gesamte Woche zuvor bei ihr verbracht und erst gestern ihre Steuererklärung abgeschlossen, aber das wusste sie natürlich nicht mehr. Sie erzählte mir, dass die einzigen Personen, die ihr halfen, mein Bruder und seine Freundin seien. Beide hatten viel für sie getan, und es stimmte, dass ich die Wochen zuvor hauptsächlich an meine Arbeit gedacht hatte. Aber es tat trotzdem weh, den Vorwurf meiner Mutter zu ertragen. Manchmal bin ich regelrecht davon besessen, bei meiner Arbeit und im Umgang mit anderen Menschen fehlerfrei zu sein. Schuldgefühle überfallen mich deshalb oft auf unerwartete Weise. Als Claudia mir nun ihre Enttäuschung an den Kopf warf, wollte ich erst dagegenhalten, wie ich auf verschiedene Art und Weise für sie da war und bin, woran sie sich nur nicht mehr erinnern konnte. Aber diese Diskussion hätte Claudia nicht geholfen, und das verstand ich zum Glück sofort.

Alzheimer ist eine Krankheit, die jeden im Ungewissen lässt. Für Claudia ist alles, was ihre Zukunft betrifft, ungewiss, aber auch ihr gesamtes Umfeld rät mit. Man weiß nicht, wie schnell die Krankheit voranschreitet. Manchmal wird es rasant schlechter, manchmal langsamer, manchmal kommt es in Wellen. Es gibt nur ein einziges Versprechen, dem Alois sich verpflichtet. Das Versprechen ist, dass es immer schlimmer werden wird und niemals besser. Die Alzheimer-Krankheit birgt eine verlässliche Hoffnungslosigkeit. Und in dieser Hoffnungslosigkeit liegt doch ein unerwarteter Frieden. Wenn sich die Dinge zwangsläufig verschlechtern, kann und darf ich jetzt nicht aufgeben. Wenn ich jetzt versage, werde ich Claudia auch nicht helfen können, wenn es so richtig schrecklich wird – also reiße ich mich jetzt besser zusammen.

In diesem Fall habe ich den Punkt des romantischen Disney-Films überschritten. Ich kann auch ohne Hoffnung leben. Ich brauche kein Happy End mehr, und ich gebe einen Fick auf Hoffnung. Ich bleibe hoffnungslos und glücklich dabei.

Dinge gehen kaputt, Beziehungen fallen auseinander, Menschen sterben – alles Teil des Deals unseres Lebens. So betrachtet ist unsere gesamte Existenz hoffnungslos, und nach all der Zeit ist das für mich endlich eine gute Nachricht.

Aus dieser familiären Krise gibt es kein Entkommen. Einen Menschen, den ich so liebe wie meine Mutter, kann ich nicht allein lassen. Sie hat die Fähigkeit verloren, sich um sich selbst zu kümmern. Natürlich ist das anstrengend, nicht so egoistisch meine eigenen Lebensentscheidungen treffen zu können, wie mir das passen würde. Aber es muss für Claudia so viel schlimmer sein, sich derartig fallen zu lassen und auf andere verlassen zu müssen. Und dennoch – meine ganze Familie trauert den großen Dingen hinterher, die Claudia schon jetzt zurückgelassen hat.

Mein Bruder vermisst Claudia als Dolmetscherin, die ihm die grobe und pragmatische Art meines Vaters und mir verständlich machte. Mein Bruder ist so viel sorgsamer, impulsiver und empathischer, als mein Vater und ich es sind. Meine Mutter übersetzte unsere Art immer in Worte, die Moritz verstehen konnte. Als mein Bruder mir erzählte, wie sehr ihm unsere Mutter als Vermittlerin fehlt, habe ich mir vorgenommen, diese Rolle künftig zu übernehmen. Ich werde seine Sprache lernen und diese Aufgabe meiner Mutter irgendwie kompensieren. Aber diese Lücke, die Claudia hinterlässt, ist riesig. Und sie ist nur eine von vielen.

Claudia hat in den letzten Monaten so häufig über Suizid gesprochen, und niemals habe ich nur ein einziges Wort gesagt, das sie in diese Richtung hätte drängen können. Aber ein Entschluss hätte zumindest ein klares Ende der Ungewissheit bedeutet. Sie würde niemals die schlimmsten Seiten des Alzheimers erleben müssen, alle könnten endlich abschließen, trauern und weitermachen. Vielleicht fände ich nach ihrem Tod wieder zu dieser jugendlichen Gleichgültigkeit zurück, die ich häufig vermisse. Obwohl ich mir mittlerweile sicher bin, dass sie wohl für immer verschwunden bleiben wird. Wenn die Eltern krank werden, steht man plötzlich an der Front. Niemand kann mir diese Aufgabe mehr abnehmen.

Es besteht kein Zweifel daran, dass das Gewicht der Alzheimer-Krankheit bis zu einem Punkt zunehmen wird, an dem die Lage für uns alle kaum auszuhalten sein wird. Aber zum jetzigen Zeitpunkt ist das noch nicht der Fall.

Claudias Schmerz sitzt inzwischen tief. Sie weint häufig. Jedes Mal wie das erste Mal, wenn ihr bewusst wird, dass sie nie wieder gesund wird. Uns bleibt nichts anderes übrig, als sie zu trösten, als wäre es das erste Mal. Es gibt keine Worte, die ihr im Kopf bleiben. Jede Beruhigung sage ich zum ersten Mal. Mit der gleichen Selbstverständlichkeit und Warmherzigkeit, die sie uns als Kinder gegeben hat, wenn wir uns zum hundertsten Mal die Knie aufgeschlagen haben.

Vielleicht ist es der Kontrast zu Claudias Stärke von damals, der mich noch immer so irritiert. Ich hätte ihr früher vermutlich alles zugetraut. Heute ist ihr brillanter Verstand ein Schatten seiner selbst.

Zum Glück gibt es auch Dinge, die ihr eine große Ruhe geben. Der Blick von ihrem Balkon in den Garten ihrer Wohnung in Köln zum Beispiel. Dort sitzen wir häufig, sie raucht eine Zigarette nach der anderen, und ich erzähle dieselben Geschichten und Witze, die sie immer wieder zuverlässig zum Lachen bringen. Und dann denke ich zurück an die sechzehn Tage auf Aitutaki, an die Veranda vor unserer Hütte und daran, wie verdammt weit weg sie ist.

»Ich liebe diesen Ort. Wir haben so ein Glück«, sagt Claudia dann häufig, wenn sie auf ihrem Balkon sitzt. Es ist ein Ort, der nur ihr gehört.

Der Februar hat gerade begonnen, draußen ist es kalt und nass. Claudia fragt mich immer wieder, welchen Monat wir haben. »Draußen ist es kühl, Sommer kann es nicht sein. Jeden Scheiß muss ich mir vergegenwärtigen. Von allein geht es nicht mehr, weil die Tage nicht mehr wichtig sind. Ich vermisse das Wetter auf Aitutaki, da ist es wenigstens immer gleich warm«, sagt sie.

»Ich weiß – ich auch! Kannst du dich noch so gut ans Wetter auf Aitutaki erinnern?«, frage ich. Rund drei Monate sind seit unserer Rückkehr vergangen. Die meisten Erinnerungen bleiben ihr nur noch Stunden, teils Minuten erhalten.

»Nein. Aber ich spüre immer noch die Farben. Ich habe die Palme vor unserer Hütte so lange angestarrt, jeden Tag, in der Hoffnung, sie würde sich in mein Gedächtnis brennen. Und heute weiß ich leider doch nicht mehr, wie sie aussah. Doch der Gesang in der Kirche, der Wind auf meiner Haut und du an meiner Seite – das ist alles noch da. Ich kann nicht vergessen, wie intensiv ich das gefühlt habe. Das Gefühl hat mich nie verlassen«, antwortet Claudia, schließt die Augen und hebt ihr Kinn in den kühlen Wind, der noch nie über zentimeterbreite Strände im Südpazifik wehen durfte.

»Gott sei Dank sind wir hingefahren, Claudia. Ich bin so froh, dass wir das gemacht haben«, sage ich und lege meine Hand auf ihren Oberschenkel.

Claudia dreht sich zu mir und lächelt. »Ja, das ist doch wirklich ein Wunder. Von all den Dingen, die in mir verschwinden, was bleibt im Kern? Im Kern bleibt doch meist die nächste Generation. Eine Frucht zerfällt, und ein neuer Baum wächst nach. Das spüre ich. Der Tod ist nicht nur irgendein ungünstiger Umstand. Er bedingt die Reihe von Generationen. Die Generation meiner

Eltern war hart und aggressiv; echte Macher. Und ich glaube, ich habe Gott sei Dank einen Teil davon ablegen können. Ich bin so viel weicher, so voller Liebe. Und ich muss zugeben – da hilft auch ein bisschen dieser Alzheimer.«

JEDER SATZ EIN LIED

Als ich an einem schwülen Nachmittag im Sommer 2022 ihre Wohnung betrete, steht Claudia verzweifelt im Wohnzimmer. Sie dreht den Kopf langsam und behutsam in meine Richtung, beißt sich auf die Lippe und hält die Hand an die Stirn, als ob sie versuchen würde, ihre Gedanken auf den Schultern zu balancieren. Auf dem großen Teppich sind eine Reihe an Mehrfachsteckern in einem wilden Durcheinander miteinander verbunden. Die Kabel führen durch die ganze Wohnung.

Unsere Reise nach Aitutaki ist mittlerweile fast drei Jahre her. Seitdem hat sich einiges verändert. Claudia kann mit Unterstützung von Moritz, Peter und mir aktuell noch alleine leben, aber es wird schwieriger. Wie lange das noch möglich sein wird, lässt sich nach wie vor unmöglich sagen. Ich mache mir auch nichts vor. Der Pflegeaufwand wird zunehmend größer werden, und an einem gewissen Punkt wird sie professionelle Unterstützung brauchen, die wir nicht mehr leisten können.

Wir sind als Familie nochmal deutlich enger zusammengewachsen. Wir vertrauen einander. Moritz und ich hören uns oft, und ich würde fast sagen, dass Peter und ich so eng sind wie noch nie. Ich telefoniere mit beiden und auch mit Claudia mehrmals die Woche – einige Sachen haben sich gut eingependelt.

Bevor Claudia krank wurde, hatte ich keine wirkliche Beziehung zu meinem Bruder. Vielleicht weil sich unsere Eltern getrennt haben oder vielleicht weil vier Jahre Unterschied für Jugendliche manchmal zu viele sind, um sich nah zu bleiben. Wir waren schon immer sehr verschieden und haben für viele Jahre eine Art freundliche Distanz zueinander gehalten. Doch nach der Diagnose von Claudia haben wir gemerkt, dass wir es miteinander viel besser schaffen. Sogar mehr als das. Egal wie unterschiedlich wir sind – uns verbindet immer die tiefe Liebe zu Claudia. Und allein dafür lohnt es sich, eine enge Beziehung aufrechtzuerhalten.

Claudia steht verdutzt vor dem Kabelgewirr und weiß offensichtlich nicht mehr, was sie damit wollte. Die Situation ist ihr wahnsinnig unangenehm, aber es gelingt mir nicht, sie von den Kabeln abzubringen; sie muss jetzt herausfinden, was sie hier vorhatte.

Schritt für Schritt gehen wir den Kabeln hinterher und versuchen zu klären, was ihr Ziel hätte sein können. Ich setze eine fröhliche Stimme auf, versuche, das Ganze ein wenig lustiger aufzuziehen als notwendig. Als hätten wir es hier nicht mit einem Symptom von Claudias Krankheit zu tun, sondern befänden uns auf einer spaßigen Schnitzeljagd. Zehn Minuten später stellt sich heraus, dass Claudia lediglich ihr Handyladekabel nicht finden konnte. Ihr Handy ist ihr Kontakt zu allen Menschen, die ihr am Herzen liegen. Und die Gefahr, diesen Kontakt zu verlieren, hat ihr Angst gemacht. Dann wusste sie scheinbar nur noch, dass sie etwas laden wollte, aber längst nicht mehr, was. Und das führte zu unzähligen Kabeln auf ihrem Teppich, alle miteinander verbunden – von einer Seite der Wohnung zur anderen. Keines dieser Kabel passte zum Handy, und wo das Handy war, wusste sie zu diesem Zeitpunkt auch nicht mehr. Gemeinsam finden wir erst das Telefon und anschließend das passende Kabel. Wir laden ihr Handy auf und legen es an den gewohnten Platz. Es balanciert meist auf dem Rand eines riesigen Kerzenständers, von dem es auch andauernd herunterfällt. Ein richtig ungeeigneter Ort dafür. Aber diesen Handyaufladeplatz kann man jetzt nicht mehr wechseln, sonst würde sie es überhaupt nicht mehr finden.

Hier wird es für immer bleiben.

Claudia fällt erschöpft und zufrieden in das Sofa. Das war anstrengend. Aber ein Glück kann sie die Unsicherheit dieser Suche schnell ablegen. Zumindest für ein paar Minuten, bis ihr wieder etwas fehlt, wieder etwas verloren gegangen ist. Und bei jedem Mal geht ein wenig mehr ihrer Kraft verloren, die sie benötigt, um den nächsten Gedankenfaden aufzuheben. Ihr Kontingent an Kraft scheint mir oft gigantisch, doch Claudias Wille und Stärke machen es ihr nicht unbedingt einfacher mit der Krankheit. Sie kämpft und kämpft noch immer ihren unmöglich zu gewinnenden Kampf.

Nach einer Weile geht sie zu ihrem Kalender, in den wir ihr jeden Termin mit Ärzten, Freunden und Familie eintragen. Es fällt ihr mittlerweile zwar schwer, selbst wenige Wörter zu lesen, aber mit etwas Geduld und Ruhe bekommt sie die Einträge zusammen. Was nicht mehr funktioniert, ist jedoch das Zusammensetzen der Informationen.

»Montag«, sagt sie leise und tippt sich mit dem Zeigefinger auf die Lippen. »Das seh' ich ...«, flüstert sie und schüttelt den Kopf. »Aber was ist die elf null null hier – was soll das heißen?«

Claudia ist frustriert, zieht die Augenbrauen zusammen, schüttelt erneut den Kopf und ärgert sich. Ich lege meinen Kopf auf ihre Schulter und halte sie fest im Arm. »Guck mal. Hier unten ist der Tag. Montag. Hier ist die Zeit. Elf. Und daneben steht, was du machen willst: Hägele. Da gehst du zum Hägele«, sage ich mit ruhiger Stimme. Hägele ist ihr Neuropsychologe, den sie alle zwei Wochen trifft. Für jeden einzelnen Termin ruft mein Vater an, um sie daran zu erinnern. Claudias Kalender erfüllt seinen Zweck längst nicht mehr, aber wenn sie nicht selbst nachlesen kann, was für sie ansteht, wird sie nervös. Wir haben auch schon andere Kalender ausprobiert, aber die funktionieren genauso schlecht.

»Hägele ... Elf ... Und wann?«, fragt Claudia und fährt erneut mit ihrem Zeigefinger die Kalenderspalten entlang, als würde es ihr das irgendwie klarmachen. Aber die Informationen wollen sich einfach nicht in ihrem Kopf zusammenfügen.

»Lass es sein für heute, Claudia. Peter sagt dir bei allen Terminen Bescheid – du kannst nichts verpassen. Das macht dir hier mehr Stress, als dass es hilft«, sage ich, obwohl ich weiß, wie hoffnungslos das ist, denn nur in den seltensten Fällen kann ich sie tatsächlich davon abbringen. Mit aller Kraft will sie den Kalender verstehen, doch aller Wille und alle Übung sind vergebens.

»Ich war mal so eine kluge Frau. Und jetzt schaff' ich nicht mal mehr diesen Scheiß. Hab ich dich schon mal wegen des Kalenders gefragt?«, fragt sie enttäuscht.

»Nein, hast du nicht«, lüge ich, weil ich gelernt habe, dass ich nicht immer blutehrlich sein muss, wenn sie mich nicht explizit darum bittet. »Du bist noch immer eine kluge Frau, Claudia. Dein Gehirn lässt es einfach nicht zu, dass du sowas auf die Reihe bekommst. Gib dir nicht die Schuld dafür«, versuche ich sie zu trösten, aber wirklich ankommen werden meine Worte auch dieses Mal nicht. Sie ist zu ehrgeizig dafür, und das hat sie nicht vergessen.

Den Raum mit guten Gesprächen zu füllen ist mittlerweile meine einzige valide Strategie. Jeden Tag versuche ich ihr ein bisschen Ruhe zu schenken, vielleicht ein Lächeln, und wenn es gut läuft ein richtig lautes Lachen.

»Erst mal eine rauchen«, bestimmt Claudia nun und kaut auf der Innenseite ihrer Unterlippe – noch immer dieselbe Angewohnheit wie vor drei Jahren. »Mir ist schon wieder ganz übel! Schlimm!«, schimpft sie dann. Bevor sie den Raum verlässt, grüßt sie kurz in Richtung des ausgeschalteten Fernsehers. Vielleicht winkt ihr gerade ein Fisch aus dem Bildschirm zu – nur Claudia sieht das.

Jedem, der durch Pech oder berufliche Umstände Zeit mit Alzheimererkrankten verbringt, dem begegnet mit der Zeit eine Vielzahl neuer Erkenntnisse. Ich habe noch keine zwei Alzheimerpatientinnen getroffen, denen sich Alois auf die gleiche Weise vorgestellt hat und die sich wirklich ähnlich waren. Und somit könnten die meisten meiner Beobachtungen sehr spezifisch sein. Doch ich möchte sie trotzdem teilen.

Jeder, der an Alzheimer erkrankt, wird Alois gut kennenlernen. Man verbringt jede Sekunde des Tages mit ihm, und er wird ein immer festerer Bestandteil des Lebens, der nach und nach alles andere verdrängt.

Ich habe gelernt, dass das Essen irgendwann zu einer lästigen Pflicht wird, und so verbringen wir als Familie einen Großteil der Zeit damit, Claudia davon zu überzeugen, es bitte zu tun. Sie verliert dennoch immer weiter an Gewicht. Inzwischen ist sie wahnsinnig dünn geworden, viel dünner, als uns allen lieb wäre. Ihre Haut, die für ihr Alter perfekt scheint, versinkt am Hals nun in die Vertiefungen zwischen den Sehnen. Die Hose, die früher perfekt saß, hängt jetzt leer an Knien und Hüftknochen herunter. Einen Ernährungsplan aufzustellen hat nicht geholfen. Dafür müssten wir jede Sekunde eines jeden Tages mit ihr verbringen. Sie kann ihn nicht lesen, nicht finden oder schlichtweg nicht verstehen. Erst dachten wir, Claudia würde einfach vergessen zu essen, und so haben wir sie in die besten Restaurants ausgeführt. Aber das geht natürlich nicht täglich. Dazu klagte sie fast jeden Tag über Übelkeit. Zuerst dachte ich, dass das eine Nebenwirkung der Medikamente sei. Doch es scheint, als würde ihr Körper das Hungergefühl nicht mehr mit dem Wunsch zu essen in Verbindung bringen. Die Übelkeit kommt, aber sie bringt keinen Appetit mit sich. Jeden Tag muss jemand sie motivieren, ihren Teller leer zu essen. Die Idee, ihr Eiweiß- oder Erdnussriegel mit wahnsinnig vielen Kohlenhydraten zu geben, die man an hungernde Kinder verteilen würde, funktioniert auch nicht, weil sie das natürliche Hungergefühl noch stärker unterdrücken. Langfristig würden Alzheimererkrankte so schneller abnehmen als ohne. Mittlerweile kocht Moritz regelmäßig für Claudia, und Peter hat zudem eine Köchin angestellt, die dreimal die Woche bei ihr ist.

Inzwischen weiß ich auch, dass Alois oft Charaktereigenschaften verteilt, die man zuvor nie von den Patienten kannte. Ich habe Menschen aus vornehmstem Hause getroffen, die im späteren Verlauf der Krankheit am Esstisch auf den Boden spuckten und »Heil Hitler« brüllten. Ich kenne launische Geschäftsmänner, die mit Alois' Einzug ganz weiche Gemüter entwickelten. Ich habe erkannt, dass manchmal auch die Angehörigen vergessen, wie der geliebte Mensch wirklich war, als er oder sie noch gesund war. Dass man sich deshalb mit ganzer Kraft an die wundervollen Momente in der Vergangenheit klammern muss und nicht zulassen darf, dass

Alois auch noch die eigene Erinnerung tangiert. Und dass ich trotzdem niemanden kenne, dem das gelungen ist. Dass jeder Anruf bedeutet, dass es ein Problem zu lösen gibt – weil alles ein Problem ist und nie alles zu lösen sein wird. Dass man es trotzdem immer wieder probieren muss, auch wenn man Probleme nur um des Lösens willen *löst*. Dass man so tun muss, als wäre man dafür dankbar, wenn Bekannte versprechen, für sie zu beten. Dass die Hälfte dieser Menschen anschließend tatsächlich wöchentlich anrufen und zu den stärksten Verbündeten werden. Dass die besten Freunde nicht bemitleiden. Dass man immer hinterfragen muss, ob man Claudia noch ernst nimmt – da man stetig Angst hat, ihr die Menschenwürde zu nehmen, wenn man es mal nicht mehr tut. Dass so vieles auf die gegenwärtige Stimmung ankommt. Wenn man die Chance hat, Claudia zum Lachen zu bringen, löst das die meisten Probleme. Weil man nicht gleichzeitig lachen und sterben wollen kann. Dass Alois sie immer vergessen lässt, dass wir eine Verabredung hatten, aber nie, dass ich zu spät gekommen bin. Dass schlechte Laune viel länger überdauert als gute – der Unterschied kann Wochen betragen. Dass Gespräche immer mühsamer werden – für beide Seiten. Dass Kranksein Menschen plötzlich dreißig Jahre altern lässt und dabei wirklich alle Altherren-Klischees bedient werden – von »früher war alles besser« bis »als ich noch jung war«. Dass man aufhören muss, sich dafür zu hassen, dass man nach einem Tag mit Alois so erschöpft ist und einfach nur noch seine Ruhe will. Dass man irgendwann Entscheidungen für den geliebten Menschen treffen muss, die ihm nicht gefallen. Dass es keine gute Schätzung gibt, wie lange Erkrankte mit Alzheimer überleben. Scheinbar kann Alois alles von drei Jahren bis zum Kältetod des Universums überdauern. Dass auch Neurologen oft ahnungslos sind und immer wieder Medikamente verschreiben, die scheinbar nichts bewirken, außer Übelkeit und Schmerzen zu verursachen. Dass manche Leute einem immer wieder erzählen wollen, eine Keto-Diät könne Alzheimer heilen, und dann erwarten, dass man sie dabei ernst nimmt. Dass Menschen eine Horrorgeschichte nach der anderen erzählen, wenn sie erfahren, dass jemand in der Familie an Alzheimer erkrankt ist. Geschichten, die niemand hören will und die niemals helfen. Dass man diesen Menschen dann auch einfach sagen kann, dass man diese Geschichten nicht hören möchte. Dass Alois manche niemals schlafen lässt und andere beinah die ganze Zeit. Dass jedes technologische Gerät zu einem unlösbaren Rätsel wird, das nie entschlüsselt werden kann. Dass man diese Probleme nur für Sekunden lösen kann und schon das nächste Pop-up Fenster, die nächste SMS-Benachrichtigung, die nächste Taste auf der Fernbedienung ein neues Sudoku ohne Zahlen darstellt. Dass man keinen guten Ratschlag geben kann, weil man ihre Welt nicht kennt. Dass es hilft zu trösten, über alte schöne Zeiten zu sprechen und zwar in einer zwanglosen, positiven und ermutigenden Weise. Dass Reißverschlüsse eine Erfindung des Teufels sind und absolut keinen Sinn machen. Dass alles verloren geht und man dennoch immer suchen muss. Dass Finanzen zu einer Herausforderung werden, Claudia trotzdem Bargeld zu Hause haben möchte, den großen Drang verspürt, es zu verstecken, und sich dann natürlich nicht mehr erinnern kann, wo es ist. Dass sie häufig allein sein möchte, es aber nicht kann, weil sie Unterstützung braucht. Dass Alois den Dreck in ihrer Wohnung vor ihr geheim hält und sie den Schmutz nicht sehen kann. Dass sie traurig wird, wenn man sie darauf anspricht, und es besser ist, sich im Bad einzuschließen und so zu tun, als hätte man Durchfall, um heimlich das Badezimmer zu putzen. Dass man zum Profi wird, wenn es darum geht, die Sätze von anderen Menschen zu beenden. Dass alle Menschen ohne Alzheimer es hassen, wenn man anfängt, das auch bei ihnen zu tun. Dass Depressionen nur ein weiteres von Alois' Mitbringseln sind. Dass man sich wünscht, man hätte viele wichtige Gespräche viel früher geführt. Dass man sich Geschwister nicht aussuchen kann, sie aber immer die mit Abstand wichtigsten Verbündeten sind. Egal, wie fern man sich charakterlich ist, es lohnt sich, eng zu bleiben – ich wünschte, ich hätte das früher gewusst. Dass es zwar scheiße ist, auf diese Weise in Claudias Privatsphäre einzudringen, aber dass die auf ihrem Telefon installierte Standortverfolgung ein Segen ist, wenn sie sich verläuft. Selbst wenn sie anrufen kann, ist sie zu nervös, um zu erklären, wo sie ist. Dass es ein bei Demenzkranken häufig vorkommendes Phänomen namens *Terminale Luzidität* gibt, das beschreibt, dass Menschen mit Demenz kurz vor ihrem Tod auch nach Jahren des Schweigens plötzlich geistig klar, nicht mehr verwirrt sind, sogar Verwandte wiedererkennen und kurz darauf sterben. Dass man über schmutzige Witze am lautesten lachen kann. Dass viele Freunde bleiben, aber die meisten gehen. Dass manche Menschen plötzlich unverfälschte, liebevolle und agendalose Freundschaft zeigen, nachdem man sie seit Jahren nicht gesprochen hat. Diese Menschen sind wie Heilige, und ich werde nie vergessen, was sie für Claudia und meine Familie getan haben. Dass kein einzelner, individueller Moment für sich genommen unerträglich bleibt. Dass es möglich ist, so viele Zigaretten zu rauchen, dass man weiße Punkte auf der Zunge bekommt. Dass es Gott scheinbar egal ist, ob man an ihn/sie glaubt. Dass eine gute, vollständige Patientenverfügung den Unterschied zwischen würdevollem Sterben und gnadenlosem Alptraum sein kann. Dass niemand unter vierzig eine Patientenverfügung zu haben scheint. Dass ich mir nicht vorstellen könnte, das alleine durchzustehen. Dass wir alle sterben werden. Dass es guttun kann, wenn man gebraucht wird, und diese Erkenntnis zugleich Schuldgefühle auslöst. Es ist so leicht, sich vor Verantwortung zu verstecken, und es gibt genug Momente, in denen man es hassen wird, aber auf lange Sicht füllt es die Leere. Dass man nicht aus dem Blick verlieren darf, sich gut um sich selbst zu kümmern. Dass ich keine Ahnung habe, wie man das gut macht. Manchmal ist das Einfühlsamste, das man tun kann, egoistisch zu sein. Dass man mit Freunden über den eigenen Kummer reden muss. Für viele Probleme gibt es keine Lösung, aber es gibt keinen Grund, allein durchs Feuer zu gehen. Dass es egal ist, wie viel Zeit man mit Claudia und Alois verbringt – in dem Moment, in dem man geht, fühlt es sich für sie so an, als wäre man wochenlang weg gewesen. Dass man keine Dankbarkeit erwarten darf, egal wie viel Aufwand man betreibt, denn diese Eigenschaft scheint eine der ersten zu sein, die geht. Dass es das Beste ist, wenn man einfach nur ruhig und gelassen bleibt. Dass das manchmal auch das Schwerste ist. Dass Reisen zu einer der größten Herausforderungen wird, aber zugleich die lohnendste und am längsten anhaltende positive Erfahrung sein kann. Dass Trösten immer hilft. Dass es grausame Menschen auf der Welt gibt, die Demenzkranke bestehlen oder ihnen Dinge verkaufen, die sie vermeintlich brauchen. Vertreter und Kassierer gehören zu den schlimmsten. Dass die meisten nicht an Alzheimer sterben, sondern an den Begleiterscheinungen. Zum Beispiel, weil sie vor ein Auto laufen oder zu lange im Krankenhaus liegen und dadurch körperlich immer weiter abbauen. Dass Alois gesundheitsschädliche Dinge wie Rauchen oder zu viel Alkohol völlig unwichtig erscheinen lässt. Dass Alois Claudia die Lust darauf nimmt, mit all ihren Freunden Geburtstag zu feiern, weil sie sich zu sehr für ihre Krankheit schämt. Aber wenn man es trotzdem tut, kann die Freude über diesen Tag gleich mehrere Wochen anhalten. Dass Scham eines der größten Übel von allen sein kann. Es hindert gesunde Männer am Tanzen und Alois' Patienten daran, ihre wahren Gefühle zu zeigen. Dass gemeinsames Weinen genauso guttut wie gemeinsames Lachen – und manchmal sogar noch besser ist.

Vielleicht lebt Claudia eines Tages in einer anderen Zeit. Vielleicht wechselt sich ihre Realität auch mit der unseren ab. Vielleicht taucht sie immer weiter in ihre Gefühlswelt ab. Noch kann ich diese Empfindungen in die richtige Richtung schieben, ihr ein Lachen schenken. Vielleicht fragt sie irgendwann nach Menschen, die längst tot, aber für sie lebendig sind. Für so viele Monate hat mich die Angst umgetrieben, dass ich meine Mutter eines Tages nicht mehr *ernst nehmen* könnte. Dass eines Tages der Punkt erreicht ist, an dem sie nur noch die Hülle der Frau ist, die ich einst liebte. Die Bilder des Alzheimers, die ich immer im Kopf hatte, haben mir lange das Gefühl gegeben, dass die Krankheit Claudia alles nehmen würde. Doch wenn ihr Jetzt sich verändert, dann werde ich wieder mit ihr verreisen. Wo auch immer sie dann ist, werde ich sein und das Schöne dort finden. Die Welt einfach mal von der anderen Seite sehen – egal, was das bedeutet. Wenn ich Claudia auf der anderen Seite der Welt glücklich machen kann – dann kann ich das überall.

Trotz Claudias fortschreitender Krankheit lerne ich noch immer so viel von ihr. Über das Schreiben, über das Lieben und das Leben.

Ab und an mache ich mir ein Spiel daraus und suche nach neuen Wahrheiten in den Geschichten, die ich so gut kenne. Und manchmal sind da tatsächlich Nuancen, die sich verändern. Sätze, die sie vorher nie so gesagt hat, eine Betonung auf Stellen, die zuvor unwichtig schienen. Wenn ich sie nach Menschen frage, die sie einmal gekannt hat, dann erzählt sie mir von ihnen, von Episoden, die sie gemeinsam erlebt haben, und ich lausche ihren Geschichten wie wunderschöner Musik, zu deren Chorus ich immer wieder zurückkehren möchte. Ein mir gut bekannter Refrain, in dem ich immer wieder neue Schönheit entdecken darf. Es geht dabei nicht darum *mitzuspielen*, um meine kranke Mutter zu besänftigen. Sondern um den Wert der Gelegenheit, mit ihr zu kommunizieren. Um die Möglichkeit, ihre Erinnerungen zu bewahren.

Über den Tod sprechen wir nach wie vor sehr häufig. Mal ist es nicht so wichtig, mal ist der Tag zu wundervoll – aber an anderen Tagen fühlt sie den Blues. Dann ist es, als würde Alois sie von hinten umarmen, sie in seinen Bann ziehen und beinah überwältigen. Sie fragt, wie sie sterben kann, und ich hadere mit Antworten. Aber der Tod ist nach wie vor ihre Sache, so wie ihr Leben nur in ihrer Hand liegt. Ich genieße lediglich das Privileg, ein Teil davon zu sein. Eines Tages wird Claudia sterben. Die Tragödie ihrer Krankheit wird dann abgeschlossen sein, und andere Dinge werden wieder Raum einnehmen in den Gedanken der Menschen, die sie lieben. Der Prozess des Sterbens ist das letzte große Abenteuer, dem wir uns stellen müssen. Und auf dem Weg dorthin stehen uns noch viele kleine Dinge bevor, die zu großen Problemen werden.

Ich habe mir nie viel aus meinem Geburtstag gemacht. Doch

seit Claudia krank ist, umgibt diesen Tag immer eine kleine Panik. Ich habe Angst vor dem Jahr, in dem Claudia zum ersten Mal meinen Geburtstag vergessen wird. Nicht weil es mir so wichtig wäre, dass sie mir gratuliert, sondern weil ich weiß, wie frustriert sie sein wird, wenn sie ihn vergessen hat. Sie war mir immer eine wundervolle Mutter, und ich möchte jeden Anlass vermeiden, aus dem Claudia sich einen anderen Eindruck von sich selbst machen könnte. Darum habe ich beschlossen, meinen Geburtstag zu einem Fest für Claudia zu machen. Ich gehe mit ihr essen und feiere sie für meine Geburt. So verbringen wir Zeit miteinander, und gleichzeitig umgehe ich die Möglichkeit, dass sie meinen Geburtstag vergessen könnte.

Und doch kann kein Trick, kein Aufwand, keine Liebe den Fortschritt ihrer Krankheit aufhalten. Claudias Neuropsychologe hat ihr kürzlich empfohlen, mit einer Polaroidkamera Bilder von Freunden und Bekannten zu machen, damit sie sich zu Hause ein schwarzes Brett anfertigen könne, an dem ihre wichtigsten Menschen mit Namen und Geburtsdatum vermerkt sind. Als Claudia vor mir stand und ein Foto schoss, da fragte sie mich zum ersten Mal, wann ich Geburtstag hätte. Das musste ja passieren.

Wir sind eine publizierende Familie. Das war schon immer ein wesentlicher Bestandteil unserer Denkweise. Wir erzählen Geschichten – das ist unser Familienhandwerk. Mein Vater, der Auslandskorrespondent, der mehrere Kriege dokumentiert hat, und meine Mutter, die als Journalistin gearbeitet hat und dann Romane schrieb, um ihre Kindheit und ihr Trauma zu verarbeiten. Kein Wunder also, dass nachdem Claudia und ich beschlossen hatten, nach Aitutaki zu reisen, einer der ersten Sätze war, die sie zu mir sagte: »Was machst du draus? Wir reisen doch nicht auf die andere Seite der Welt, ohne dass du etwas daraus machst.«

Ich arbeite als Podcast-Produzent. Das Medium meines Vaters war das Fernsehen, das Medium meiner Mutter war die Literatur, und mein Medium sind nun mal Podcasts. Deshalb habe ich unsere Reise zuerst in einem Podcast verarbeitet. Aber jetzt, wo ich das Buch schreibe, fühle ich mich Claudia so nah wie schon lange nicht mehr. Ich habe sie während des Schreibprozesses oft angerufen und erinnere mich selbst noch an die Zeit meiner Jugend, in der sie an ihren Romanen schrieb. Sie fragte mich oft, ob ich ihr das Manuskript schicken könne, und ich hätte es natürlich sofort gemacht, doch lesen würde sie es nicht mehr können. Also saß ich mehrfach mit ihr auf ihrem Balkon in Köln und las ihr vor – Seite für Seite. Sie lachte laut über einige Witze, kommentierte meinen Schreibstil und wie er sich von ihrem unterscheidet. Am Ende sagte sie etwas, das ich nur als meinen wichtigsten Ritterschlag bezeichnen kann: »Verdammte Axt. Jetzt kann ich doch nicht sterben. Ich muss doch auf deine erste Lesung.«

Die Reise, die Produktion des Podcasts und das Schreiben dieses Buches war die schwierigste und zugleich erfüllendste Arbeit, die ich je gemacht habe. Natürlich wollten Claudia und ich damit etwas schaffen, das erklären kann, wie sich Alzheimer für Betroffene anfühlt. Was es wirklich bedeutet, wenn man sich nicht mehr auf den eigenen Verstand verlassen kann. Aber vor allem hoffe ich, dass ich es geschafft habe festzuhalten, was für ein wundervoller und inspirierender Mensch meine Mutter ist. Es zerreißt mir das Herz, dass Claudia meine Kinder vermutlich niemals kennenlernen wird. Aber immerhin gibt es jetzt etwas, durch das meine Kinder eines Tages sie kennenlernen können. Ihr Einfluss auf mich und all die Dinge, die ich von ihr gelernt habe, werden nicht mit ihr sterben. Das ist für mich das größte Geschenk.

Es ist ein milder Frühlingstag, und am Vormittag habe ich das letzte Kapitel dieses Buches begonnen, als ich Claudia auf einem Spaziergang im Park direkt bei ihr um die Ecke begleite. Diese Gegend kennt sie gut, und hier kann sie auch heute ohne Probleme alleine spazieren gehen.

»Das Schöne am Alzheimer ist …«, setzt Claudia an, nachdem wir einige Minuten schweigend nebeneinanderher gegangen sind. »Du kommst irgendwohin und denkst zum allerersten Mal: Och, das ist aber schön hier! Kannst dich jeden Tag neu freuen, was du da gerade für eine schöne Strecke gefunden hast.« Sie zwinkert mir zu und lacht vor sich hin.

Wir reden noch immer sehr häufig von Aitutaki. Claudia schwört, dass sie die Farben noch heute sehen kann. Kein einziger Tag ist ihr in Erinnerung geblieben, nicht ein Gespräch und auch die Palme muss mittlerweile vollständig verschwunden sein. Doch wie das Ende der Welt riecht, der Geschmack des Salzes auf der Haut und der Gesang der Engel – das alles ist geblieben.

»Gut, dass wir es noch gemacht haben mit Aitutaki«, sagt sie, als wir uns auf eine Bank setzen. Wir waren im November 2019 dort. Hätten wir nur ein bisschen länger gewartet, hätte Corona uns einen Strich durch die Rechnung gemacht, und wir hätten ihren Traum vermutlich niemals erfüllen können. »Schwein gehabt!«, sagt Claudia. »Wenn Engel reisen! Glück gehabt. Ich weiß nun tief in meinem Herzen, dass es Paradiese gibt. Paradiese, die so schön sind, dass man doch glauben könnte, dass ein genialer Gott sie gemalt hat. Sowas sehen zu dürfen war wunderschön. Diese Insel war einfach wie ein perfektes Bild. Als stünde man im Museum und denkt: ›Hier ist alles richtig.‹«

Wir schließen die Augen, und als wir den zarten Frühlingswind auf der Haut spüren, fühlt es sich fast an wie damals.

»Man sagt, dass sie im Himmel singen«, sagte Claudia nach dem Gottesdienst auf Aitutaki. »Ob sie das so gut hinkriegen da oben? Ansonsten gibt's Nachhilfestunden auf Aitutaki! Alle Engel nach unten!« Ihre Augen glänzten vor Rührung, die Erinnerung an ihr Lachen wärmt mich bis heute. »Das ist der Grund, weshalb ich hierherwollte. Ich hatte keine Ahnung, aber ich hatte ein Gefühl. Ich hatte ein Gefühl! Und zwar schon immer. Ich wollte hierher! Es gab so wenig Anlass. Aber irgendwann vor Ewigkeiten habe ich von dieser Insel gehört, und nun weiß ich endlich, warum wir hier sind. Es ist nicht nur die wunderschöne Sonne und die Farben, sondern es ist dieser Klang. Und wenn ich irgendwann für immer die Augen zumache, dann werde ich genau das hören!«

Ihr silbernes Haar wehte im alten Wind. Tausende Kilometer war er über den leeren Ozean gestrichen, jetzt streichelte er ihre Wange, strömte in ihre Lunge und mit ein paar Sätzen für immer in mein Herz:

»Auf welche Art und Weise ich sterbe – ist meine Sache. Und ich nehme jede Option. Obgleich ich religiöse Gefühle habe. Ich kann alles, wenn ich will.

Ich.
Kann.
Wählen.«

Unsere Leseempfehlung

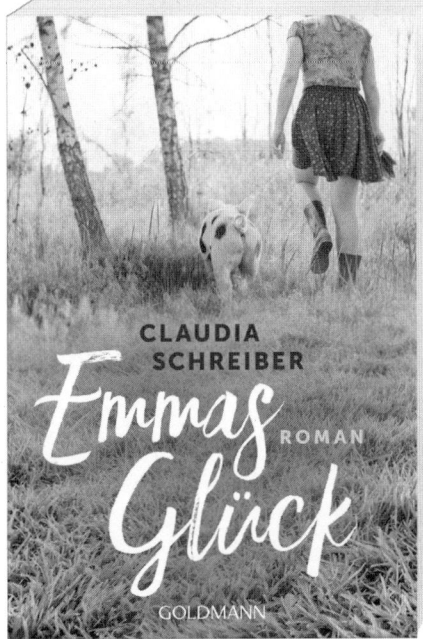

192 Seiten

Ein Unfall führt sie zusammen: Emma, die allein und hochverschuldet auf ihrem Bauernhof lebt, findet eines Nachts in einem schrottreifen Ferrari das, was ihr im Leben fehlt: einen Sack voll Geld und einen Mann. Der junge, aber todkranke Städter Max wollte eigentlich nach Mexiko verschwinden, als seine rasante Fahrt an einem Baum auf Emmas Grundstück ihr abruptes Ende fand. Und nach einer Weile gesellt sich das Glück zu den beiden, wenn auch auf recht ungewöhnliche Weise …

goldmann-verlag.de

GOLDMANN